ÉTUDES

HISTORIQUES ET POLITIQUES.

IMPRIMERIE DE LEBEL, IMPRIMEUR DU ROI.

ÉTUDES

HISTORIQUES ET POLITIQUES

SUR

LES ASSEMBLÉES REPRÉSENTATIVES,

PAR FÉLIX BODIN.

Il est juste que tous approuvent ce qui regarde l'intérêt de tous.

(Writ adressé par Edouard Ier aux shérifs pour convoquer le parlement.)

<hr>

PARIS,

LECOINTE ET DUREY, LIBRAIRES,

QUAI DES AUGUSTINS, N° 49.

1823.

Les Assemblées représentatives occupent très-peu d’espace dans nos histoires modernes, et c’est précisément ce que nous y cherchons aujourd’hui de préférence : c’est du moins ce qui nous y intéresserait le plus. En effet, c’est là que nous pouvons trouver la pensée des peuples, aux époques où elle s’est manifestée par ce moyen. Chaque temps a ses besoins en histoire ; aujourd’hui nous avons particulièrement celui de connaître l’origine et les progrès du gouvernement représentatif. Appelés à en goûter les bienfaits, plus ou moins tard, nous sommes curieux de savoir sous quelles formes et dans quelles circonstances nos ancêtres et d'autres peuples de l'Europe s'en sont approchés sans le rencontrer tout-à-fait, et comment il a été rencontré et conservé par nos voisins.

Tous ceux qui ont porté dans l'étude de l'histoire cet esprit qui veut expliquer les choses, ont dû se faire cette question : Pourquoi le gouvernement représentatif a-t-il été établi chez les Anglais plus tôt que chez nous, par exemple ? Pourquoi nos états-généraux, qui montrèrent quelquefois de la fermeté, de l'énergie et des idées de liberté supérieures aux temps où elles apparaissaient, n'ont-ils rien produit de durable ? C'est dans l'histoire comparée des Assemblées nationales qu'il faut chercher les élémens d'une solution.

C'est donc un complément indispensable à l'histoire moderne, qu'une histoire des Assemblées représentatives, telles que les états-généraux, les cortès, parlemens, diètes, etc. Un tel sujet offre une matière suffisante pour un ouvrage considérable, et celui-ci n'est qu'un sommaire très-imparfait. Néanmoins tel qu'il est, il ne sera peut-être pas sans quelque utilité.

ÉTUDES

HISTORIQUES ET POLITIQUES

SUR

LES ASSEMBLÉES REPRÉSENTATIVES.

PREMIÈRE PARTIE (1).

ÉTUDE PREMIÈRE.

Philosophie de l'histoire. — A quel point l'histoire
peut être expliquée.

Quand des convulsions politiques agitent la société, ou quand, à la fin de ces tourmentes, tous les élémens sociaux,

(1) Cette première partie a été lue à l'Athénée royal de Paris, en 1823, dans le cours de la trente-huitième année classique.

qui étaient confondus, se placent dans la situation nouvelle qui est la conséquence de leur dérangement, et le gage nécessaire de l'ordre et de la paix, alors ce n'est plus par une vaine curiosité que nous lisons l'histoire. Nous y cherchons d'utiles enseignemens; nous y trouvons partout des rapprochemens et des exemples. Nous nous plaisons à suivre dans l'étude de certaines époques le développement et la marche de cette puissance, que chacun veut expliquer, et sur laquelle personne ne s'accorde; que ceux qui examinent et qui discutent nomment la force des choses, que ceux qui veulent se dispenser d'examiner et de discuter nomment tout simplement le hasard. Dans cette marche nous observons avec attention comment une force ou une puissance commence, s'élève et supplante la force qui existait; nous voyons ensuite comment la force nouvelle, entraînée aux

excès, s'affaiblit et succombe à son tour.
Enfin nous demandons au passé des aver-
tissemens pour le présent, ou plutôt nous
voulons lire l'avenir dans le passé.

Une telle prétention est-elle fondée?
ou, en d'autres termes, peut-on expliquer
l'histoire? Cette question me conduirait
trop loin, s'il me fallait la rattacher à
celles de la liberté morale de l'homme et
de la fatalité. Mais je crois cela inutile, et
fort heureusement, car en abordant la
métaphysique on ne prend pas un moyen
d'abréger.

Si l'on pouvait, avec certitude, en
examinant deux faits successifs, dire : Le
second est nécessairement la conséquence
du premier ; celui-ci a été une cause, celui-là est un effet indispensable ; si l'on
pouvoit enfin découvrir à coup sûr la
chaîne, là où l'on n'aperçoit d'abord que
des anneaux, l'histoire serait presque
une science exacte, procédant rigoureu-

sement du connu à l'inconnu. Elle nous enseignerait positivement à trouver dans les élémens du présent la prévision certaine de l'avenir. S'il en était ainsi, la lutte des partis qui divisent la société serait bientôt jugée. En prédisant le triomphe inévitable de l'un, peut-être parviendrait-on à convaincre l'autre de sa défaite pour qu'il s'y résigne en paix. Alors nous serions trop heureux.

D'un autre côté, en prononçant la négative, en déclarant qu'il n'est pas plus donné à l'homme d'expliquer l'enchaînement des événemens de la vie des peuples, que de ceux de sa propre vie; en admettant que nous ne pouvons saisir l'action réelle d'aucuns des faits que nous appelons *cause*, ni les conséquences de la combinaison de forces individuelles que nous appelons *puissance*, je n'aurais plus qu'à me taire après avoir dit : L'histoire est une lecture amusante.

Cependant essayons un moyen terme.
Il est vrai qu'une cause, souvent imper-
ceptible, souvent très - lointaine, suffit
pour modifier une situation par l'intermédiaire de mille causes réagissant les
unes sur les autres; il est vrai que nous
voyons souvent le mal produire le bien,
le bien conduire au mal, l'oppression
faire naître la liberté, ou lui succéder;
nous voyons les factions usurper le pouvoir ou lui imposer des limites; la volonté d'un homme ou le caprice d'une
femme bouleverser des empires, et chan-
ger la direction apparente des peuples,
ou bien quelquefois une idée nouvelle les
illuminer tout-à-coup et les mettre en
mouvement. Mais aussi n'est-il pas vrai
que dans une situation sociale donnée,
on peut évaluer jusqu'à un certain point,
d'après les besoins et les moyens, quels
seront les efforts et les succès?

Je dirai à ceux qui veulent tout expliquer dans l'histoire : Pouvait-on prévoir l'entreprise singulière de Mahomet, qui se fit prophète et conquérant; l'idée bizarre des croisades, qui, née dans le cerveau d'un pape et publiée par un moine, passa dans toutes les têtes de la chrétienté ? Pouvait - on prévoir l'invention de la poudre à canon, qui renversa la puissance de l'armure féodale, et nivela toutes les forces individuelles ? Pouvait-on prévoir la découverte de la boussole et celle du nouveau monde qui la suivit et qui fit du commerce maritime un immense levier politique ? Pouvait-on prévoir l'invention de l'imprimerie, qui mit la raison en circulation dans l'univers ?

Je dirai à ceux qui croient qu'on n'explique rien : L'établissement des communes n'est-il pas la suite de l'accroissement d'industrie et de richesses qui se manifesta vers la fin du onzième siècle chez les serfs des villes, ainsi que des

dépenses ruineuses que firent les seigneurs pour les croisades, et de la dé-
tresse où se trouvaient les rois? L'extension de la juridiction royale n'est-elle
pas la conséquence de l'alliance des rois
avec les communes? Cette extension n'a-
t-elle pas amené l'abolition progressive
des combats judiciaires et de la puissance
féodale? La force armée des communes
n'a-t-elle pas encore, au détriment de
celle-ci, accru la puissance de la couronne? Le besoin d'argent, né de l'entre-
tien de corps armés permanens, n'est-il
pas cause de l'introduction des communes
dans les états-généraux, ou plutôt n'est-il
pas une cause des états-généraux eux-
mêmes? Et cette suite de propositions et
de corollaires pourrait être prolongée.

Disons donc que cette étude, que j'ap-
pellerai la politique de l'histoire, est
grande dans son objet : quand elle ne
pourrait nous conduire qu'à des proba-

bilités, encore serait-elle utile dans ses résultats.

Certes, il serait ridicule de dire avec assurance : Si Mahomet ne se fût pas enfui de La Mecque à Médine, l'Orient n'eût pas débordé sur l'Occident; si Charles Martel eût été vaincu à Poitiers, la France eût éprouvé le sort de l'Espagne; si Guillaume l'eût été à Hastings, la féodalité n'eût pas été établie en Angleterre. Il serait présomptueux de décider que si Luther n'eût pas été augustin, la réforme n'eût pas eu lieu; que si le courrier de Henri VIII fut arrivé deux jours plus tôt à Rome, l'Angleterre serait encore catholique romaine; que sans les cruautés du duc d'Albe, les Provinces-Unies n'eussent pas été affranchies; et que la restauration des Stuarts était impossible si Cromvell fût mort quelques années plus tard. Mais il est permis de penser que lorsqu'une idée nouvelle a remué un peuple, lorsqu'un fanatisme l'a arraché à sa terre pour aller combattre au loin, c'est que ce peuple était disposé à recevoir cette idée, à être subjugué par ce fanatisme. Il n'est pas absurde de dire que Charlemagne ne pouvait guère réussir dans son projet de rétablir l'empire romain, et de relever la civilisation, à une époque où l'aristocratie militaire groupait autour d'elle toute la population en s'arrogeant le droit de la protéger; à une époque où la puissance, dérivant de la possession de la terre, devenait presque immeuble comme elle; où les services personnels attachaient les subordonnés au supérieur par une chaîne dont le poids se faisait sentir à chaque instant et qui se resserrait sans cesse; enfin où les lumières pouvaient tout au plus pénétrer jusqu'au clergé, qui ne songeait qu'à établir sa puissance temporelle en laissant le peuple dans la barbarie. Il n'est pas téméraire non plus, nous ai- mons à le croire, de prétendre que les efforts qu'on pourrait tenter aujourd'hui pour faire rétrograder la civilisation se- raient inutiles, parce qu'il s'est élevé une classe moyenne qui a répandu les lu- mières en haut et en bas ; parce que l'in- dépendance d'opinion, l'habitude d'exa- men et la discussion sont partout, même chez ceux qui les combattent; enfin parce qu'il y a des intérêts positifs, qui sont bien plus forts que des croyances.

Concluons, et, si l'on peut poser le principe qui doit régir une telle matière, disons qu'il ne nous est pas donné de calculer l'influence, de mesurer la por- tée des faits particuliers. Mais lorsque ces faits ont produit un fait général, tel que la situation sociale ou la disposition des esprits d'un peuple, on peut jusqu'à un certain point suivre ses développe- mens, et expliquer ses conséquences.

J'essaierai donc ce genre d'examen, avec beaucoup de circonspection toutefois, car j'ai très-peu de confiance dans mes propres idées. Ce qu'il y a de moins certain dans l'histoire, ce sont les causes; ce qu'il y a de plus certain, ce sont les résultats. Je ne m'attacherai, autant que possible, qu'aux résultats, afin de marcher plus sûrement.

ÉTUDE SECONDE.

De l'application des systèmes politiques à l'étude de l'histoire. — Coup-d'œil sur l'histoire et les causes des révolutions de l'état social. — De la liberté dans les républiques de l'antiquité. — De Rome, de l'administration municipale et de la représentation des municipes dans les comices. — De la société chrétienne. Constitution municipale et représentative de l'Église. — Des nations germaniques; de leurs assemblées militaires *ad mallum.* — Etablissement des seigneuries : ses conséquences. — Assemblées de comtés; conciles et plaids. — Les Pepin et les assemblées aristocratiques dites *champs de mars* et de *mai.*

JE me suis proposé cette question : Peut-on expliquer l'histoire? et j'ai essayé de déterminer à quel point cette explication est possible. A l'appui de l'opinion que j'ai émise, j'aurais pu joindre une autre considération : sans doute il nous est donné de rendre quelque raison de la marche des choses, envisagée dans les grandes masses, puisque ceux qui se livrent isolément aux méditations qu'exige cette recherche, se rencontrent souvent sur une foule de points. C'est ce que j'ai moi-même éprouvé. En étudiant nos annales, en les comparant à celles de la nation voisine, qui a joui un siècle avant nous des bienfaits du gouvernement représentatif, je me suis demandé pourquoi cette forme politique a prévalu chez les Anglais plus tôt que chez nous; chez nous où, pendant la lutte constante et longue que le peuple soutint contre l'aristocratie, et l'industrie contre la féodalité, on remarque un grand nombre de crises qui paraissent au premier coup-d'œil avoir été favorables à l'établissement d'un gouvernement libre. Je me suis demandé pourquoi nos états-généraux, qui montrèrent quelquefois de la fermeté, de l'énergie, et quelques idées de liberté, n'ont rien produit de durable: alors j'ai recherché les causes de cette différence, dans celle de l'état social et politique des deux peuples aux époques principales de leur histoire. Remontant à la conquête des Normands, je me suis trouvé conduit à examiner les circonstances au milieu desquelles ils établirent la féodalité, et le caractère particulier que cette organisation politique acquit dans la Grande-Bretagne. J'ai observé les différences immenses qui existaient entre le pouvoir royal chez les deux nations, entre leurs aristocraties, entre leurs classes inférieures. Enfin, après avoir remarqué d'autres causes influentes nées de la série des événemens, après avoir déduit et classé avec soin toutes mes considérations, j'ai appris que je n'avais à peu près découvert rien de neuf.

Un publiciste distingué, auquel la

France du dix-huitième siècle a l'obligation d'avoir, l'un des premiers après Montesquieu, appelé son attention sur le beau monument politique qui existait auprès d'elle, et qui, dans son lumineux ouvrage, a expliqué à la nation même qui possédait le gouvernement représentatif, les ressorts compliqués de son mécanisme, Delolme a jeté sur cette question quelques vues, sans doute incomplètes, mais pleines de justesse et de sens. On pourrait en dire autant de Mably : il n'a pas tout aperçu ; mais ce qu'il a vu est le résultat d'une observation attentive et éclairée. Un esprit supérieur, qui joint à la force qui comprend l'ensemble, l'investigation savante qui discute et dégage les détails, s'est également tourné vers ce sujet, l'un des plus graves que nous offre l'histoire moderne. Dans l'analyse imprimée du cours de M. Guizot, j'ai retrouvé presque toutes les considérations qui m'avaient frappé; mais je les trouve rattachées à un système différent de celui que je crois devoir être suivi dans l'étude de l'histoire des institutions politiques. J'aurais mauvaise grâce à donner le mien comme le meilleur; et d'ailleurs j'ai autant de défiance de mes propres idées que j'ai de respect pour celles d'autrui. Mais dans la recherche de la vérité, à laquelle doivent tendre nos efforts communs, ceux qui ne peuvent pas prétendre dire mieux, peuvent encore se rendre utiles en disant autrement.

Ce n'est pas que j'attache à un système quelconque une importance décisive dans l'étude des sciences morales et politiques. Je pense que dans cette branche des spéculations humaines, il est difficile de trouver un système complètement satisfaisant. Tous sont plus ou moins commodes pour apprendre; mais on les abandonne quand on sait. Néanmoins, puisqu'il est indispensable de s'en servir pour classer les faits, tâchons toujours de nous attacher à ceux qui sont le plus conformes à la nature des faits dont il s'agit.

Ce serait, ce me semble, s'engager dans une fausse route, pour apprécier la marche des choses et les diverses combinaisons de puissance qui composent l'histoire, que d'enchaîner tout à un principe fondé sur les idées et les théories de notre politique actuelle. Ainsi, par exemple, ce principe, que le gouvernement représentatif a pour base la justice ou la règle, tandis que les mauvais gouvernemens, ou le despotisme, sont fondés sur la force, c'est-à-dire sur la souveraineté du corps social, est sans doute simple et lumineux, et peut être fécond en salutaires conséquences. Mais sans l'examiner en lui-même, et abstraction faite de ce qu'il

peut valoir comme théorie politique, je ne
pense pas qu'il convienne de l'appliquer
à l'histoire. En effet, il ne faut pas croire
que les mouvemens qui s'opèrent dans l'ordre social, que les crises de la vie des peuples, dérivent uniformément d'une idée de
justice universelle, de loi éternelle inscrite
dans le cœur de l'homme. Il ne faut pas
s'imaginer que les intérêts et les passions
qui s'agitent dans la sphère politique, et
qui amènent successivement ses révolutions, soient assujétis à une abstraction et
régis par une idée de l'ordre intellectuel.
Dans ce long combat entre les forces dé-
croissantes et les forces naissantes, que
nous appelons l'histoire, les hommes et les
classes d'hommes agissent chacun pour
soi, chacun dans son intérêt ou d'après
sa croyance, soit qu'ils veuillent résister
ou opprimer, soit qu'ils aient la conscience du droit ou la conscience de la
force. Le fait des constitutions politiques

s'établit d'une tout autre manière que
les plans des publicistes. Le principe de
la division des pouvoirs regardée comme
l'une des bases du gouvernement représentatif, est une idée toute simple pour
l'homme qui médite dans son cabinet ;
mais c'est une idée très-compliquée pour
un peuple demi-barbare. Peut-être suis-
je dans l'erreur, mais il me semble que
c'est pousser trop loin l'esprit de système
que de supposer que le sentiment intime,
ou, en quelque sorte, l'instinct de cette
utilité de la division des pouvoirs, a pré-
sidé, à toutes les époques de l'histoire d'un
peuple, aux actes des divers partis qui
luttaient ensemble. Non, ce n'est point à
travers ce prisme métaphysique qu'il faut
observer l'histoire. Ce qu'il faut y voir
partout, si l'on veut procéder sûrement,
c'est le fait ; car si le droit s'y trouve quelquefois, c'est presque toujours du fait qu'il
dérive. Je sais bien que ce n'est pas là le

véritable droit; mais c'est celui qui joue le plus grand rôle dans l'histoire, et c'est de l'histoire que nous nous occupons.

Si je hasardais de tracer un plan général sur lequel on pût ranger les faits historiques, et de déterminer le point de vue d'où ils doivent être aperçus; enfin si je voulais construire aussi un système, voici celui que je proposerais. Dans tout ordre social je découvre trois puissances principales qui agissent directement sur lui, et dont l'influence peut être calculée jusqu'à un certain point, tandis que celle des passions humaines ne peut l'être jamais. Ces puissances sont la force, la richesse, l'opinion. Tantôt elles règnent simultanément, d'autres fois elles semblent se succéder; mais c'est de leurs alliances alternatives, et de la prédomination de l'une d'elles, que dépend à chaque époque le sort de la société dont elles modifient l'existence. Il faut distinguer

dans chacune deux espèces. La force,
par exemple, se présente sous deux as-
pects différens : la force pure et simple,
celle du nombre ; et la force organisée,
celle qui résulte des ressources de la tac-
tique et des armes. J'aperçois aussi deux
sortes de richesse, savoir : la richesse
foncière, celle qui consiste dans la possession de la terre et de ses produits bruts ;
la richesse mobilière, celle que crée l'industrie. Enfin je distingue deux espèces
d'opinion : la fausse opinion, l'opinion
égarée, celle qui est appuyée sur le fanatisme, les préjugés et les erreurs ; la vraie
opinion, l'opinion éclairée, celle qui est
fondée sur l'intérêt général, l'expérience
et la raison. Je n'ai pas besoin de dire
que ces divisions sont nécessairement un
peu arbitraires ; mais il n'existe peut-être
pas de divisions absolues. Ce sont des
formules plus ou moins commodes dont
on se sert pour classer les faits. Les moins

mauvaises sont celles qui en comprennent le plus et qui les assortissent le mieux.

Maintenant cherchons les règles, s'il en existe, d'après lesquelles ces puissances se combinent ou se supplantent. Envisageons-les d'abord séparément. La force organisée est ordinairement composée d'un petit nombre; elle est placée le plus souvent sous la dépendance du pouvoir central, ou, si l'on veut, du pouvoir royal. Elle acquiert facilement l'appui de la richesse mobilière par le moyen de l'impôt, et lorsqu'elle s'unit à la fausse opinion, elle manque rarement de dégénérer en l'état qu'on nomme despotisme. Quand la force organisée est soustraite à la dépendance d'un chef ou pouvoir central, alors elle se combine avec la richesse immobilière; c'est alors l'aristocratie. La combinaison de la richesse immobilière avec la fausse opinion, produit ces corps aristocratiques puissans.

quoique dépourvus de force physique, qui envahissent et se transmettent la richesse des peuples en entretenant les superstitions et les terreurs religieuses. Tel est le clergé dans tous les pays où il a acquis de cette manière une influence temporelle. Enfin la force pure et simple, celle du nombre, c'est le peuple. Quand cette force parvient à s'unir à la richesse (et c'est d'abord la richesse mobilière), elle commence à prévaloir. Alors elle obtient quelques garanties d'existence politique en achetant la protection du pouvoir central, qui puise en elle les élémens de la force organisée à l'aide de laquelle il s'étend, et les subsides avec lesquels il entretient cette force organisée. Dans cet état de choses, si la force numérique, ou si le peuple essaie de s'émanciper seul, le pouvoir central s'allie à la richesse foncière et à la fausse opinion, et le replace facilement sous le joug; puis avec son aide il brise la force organisée de la richesse foncière elle-même. Alors s'établit le despotisme, comme je l'ai dit plus haut. C'est exactement ce qui s'est passé en France et en Espagne, où l'union du pouvoir central à la fausse opinion, c'est-à-dire au clergé, a contribué plus puissamment encore à déterminer cette révolution.

Les choses se passent différemment si le pouvoir central est fort, riche en domaines, et s'il dispose d'une force organisée imposante; alors il opprime les autres puissances. Celles-ci, savoir, la force du nombre ou le peuple, la richesse foncière ou l'aristocratie, et la fausse opinion ou le clergé, se liguent ensemble contre lui, et lui prescrivent des limites qu'il enfreint à chaque fois qu'il le peut. Alors il s'engage une lutte longue et obstinée, qui se termine à l'époque où la véritable opinion remplace la fausse opinion, et où la richesse mobilière balance l'influence de la richesse foncière. Telle est, en dernière analyse, l'histoire du peuple anglais.

Enfin si le pouvoir central est précaire et renouvelé par l'élection, s'il ne peut suivre avec constance un plan d'envahissement politique, si la force du nombre est pauvre, et la richesse foncière unie à une force organisée assez compacte; alors il ne s'opère aucune alliance entre les puissances sociales, l'État reste long-temps stationnaire; c'est ce qui a eu lieu en Pologne, à Venise, et, à quelques égards, dans l'empire germanique.

On voit, d'après ces exemples, que les révolutions ne sont déterminées que par l'alliance de quelques-unes des puissances sociales contre les autres. Quand ces alliances, qui sont l'ouvrage du temps, ne sont pas consommées, les choses restent les mêmes, et les tentatives de révolution échouent. Avec ces divers élémens, on pourrait, en quelque sorte, réduire en formules toutes les situations de l'état social, et ensuite extraire de ces formules leur plus simple expression.

Ainsi l'on dirait que la force organisée combinée avec la richesse mobilière, et appuyée par la fausse opinion, c'est le despotisme ; que la même force combinée avec la richesse foncière sans être sous la dépendance du pouvoir central, c'est le gouvernement aristocratique ; que la même force indépendante, combinée avec la force du nombre, c'est la démocratie; qu'enfin la combinaison de ces deux forces avec les deux espèces de richesse et avec la véritable opinion, produit la liberté.

Voilà pour le fond, maintenant voyons la forme ; et la forme est beaucoup en politique, c'est le gouvernement. Le gouvernement d'un seul au nom d'un droit divin ou sacré, le gouvernement des plus forts au nom du bien public, celui de la multitude sous la direction d'orateurs ou de chefs militaires, se rencontrent partout dans l'histoire, et dans tous les pays. Mais cette forme politique si ingénieuse, par laquelle tous les intéressés à être bien gouvernés concourent indirectement à la confection des lois, et à l'institution de l'autorité qui les exécute, cette forme s'est présentée jusqu'ici beaucoup moins souvent.

Dans les républiques de l'antiquité, l'esprit de liberté était pour ainsi dire local, et circonscrit dans les murailles de la cité qui était la patrie. Pour des citoyens, la plupart oisifs, et dont la vie, assurée par le travail des esclaves, pouvait se livrer sans partage aux mouvemens politiques, la liberté était plutôt une passion qu'une affaire d'intérêt et d'utilité comme chez les modernes. Leur patriotisme s'inquiétait davantage de la gloire et de la puissance de la république que de la liberté privée; et ils étaient plus jaloux encore de voir leur État primer sur les États voisins, qu'ils ne l'étaient de leurs propres droits. Quand une république était conquérante, sa liberté ne s'étendait pas sur les peuples conquis; toute l'existence politique restait concentrée dans la cité protectrice ou dominatrice. Les républiques de la Grèce ne s'unissaient que dans un danger commun et pressant. Leur conseil des Amphictyons, destiné à juger les différends qui survenaient entre elles, ne pouvait jamais devenir un lien politique assez fort pour constituer une fédération semblable à celles que nous voyons dans l'histoire moderne. Le moi social, la patrie, était trop fort dans chaque État, pour que cette association pût avoir lieu.

Quand Rome eut étendu sa puissance

au loin, elle porta dans ses provinces une liberté administrative assez étendue; mais toute l'existence politique resta renfermée en elle; la patrie de tous les citoyens romains épars dans le monde connu, était toujours dans Rome. Cependant le système municipal qui était en vigueur dans les provinces, était tellement raisonnable et conforme aux besoins des peuples, qu'il produisit naturellement une forme politique qui ressemble un peu aux gouvernemens représentatifs. En effet, les principaux magistrats élus dans les municipes, venaient à Rome prendre part aux délibérations des comices. Il est vrai qu'ils y étaient confondus et, pour ainsi dire, perdus au milieu de la population des citoyens de la ville, et leurs suffrages ne pouvaient pas avoir une grande valeur. Aussi cette particularité n'a-t-elle pas même été apercue jusqu'ici. Néanmoins on ne peut nier qu'il

3.

y ait là l'une des formes principales du régime représentatif, la délégation faite par les intérêts locaux, de mandataires qui concourent à l'exercice de la puissance centrale.

L'histoire de la liberté moderne est toute différente. Et d'abord, pour poser un de ses caractères distinctifs, elle s'est élevée du sein de l'esclavage. Ce qui compose la masse nationale chez les modernes, est né des esclaves et des opprimés. Le principe de la liberté n'est point chez eux un patriotisme avide de domination, mais un besoin de défense commune contre l'oppression, et d'association pour protéger la propriété.

Nous voyons l'application de cette remarque générale même avant l'époque des établissemens de barbares, d'où datent les nations modernes. Alors que les chrétiens ne formaient qu'une société secrète au sein de la société romaine,

l'esprit d'association et d'assistance mu-
tuelle s'introduisit parmi eux, et fut leur
lien politique. Lorsque Constantin mit
l'Eglise dans l'Etat, elle prit de la force,
s'étendit et s'organisa. Par la suite les
biens des villes furent donnés aux églises,
le pouvoir municipal passa en partie aux
évêques. Alors, ces magistrats, à la fois
civils et spirituels, étaient élus par le
peuple. Rassemblés souvent dans les conciles, ils n'y traitaient pas toujours uni-
quement du dogme et de la discipline
religieuse. Ils discutaient quelquefois les
intérêts politiques des peuples. Voici donc
encore la forme du gouvernement représentatif; mais je dis la forme seulement.
C'est toujours quelque chose, car cette
forme se perpétua pendant long-temps, et
peut-être y faut-il chercher une des traces
qui conduisirent peu à peu aux véritables
assemblées politiques délibérantes. C'est

ce que nous allons voir en examinant les premiers temps de notre monarchie,

Nous savons ce qu'étaient les nations germaines; c'étaient des démocraties guerrières, c'étaient des armées d'hommes libres. Les champs de mars, les conventions *ad mallum* (1), du temps des premiers Mérovingiens, n'étaient autre chose que le rassemblement de ces armées, autant pour passer la revue du chef que pour partager le butin, renouveler l'engagement militaire, et décider des expéditions ultérieures à entreprendre. On faisait consentir à ces assemblées, votant sans doute d'acclamation, les lois qui

(1) Le *mallus* ou *mallum*, était chez les peuples celtiques le lieu où se faisaient les assemblées militaires ou religieuses. C'est de là, dit-on, que vient le mot *mail*, qui, dans beaucoup de nos villes, désigne encore la promenade publique ou le champ de foire.

devaient régir les hommes de la nation, sans toucher aux lois des vaincus. Ces peuples attachaient, par leur législation toute personnelle, une grande importance aux individus qui les composaient, et punissaient tous les crimes de peines pécuniaires, parce qu'ils étaient très-avides d'argent, et qu'ils s'occupaient peu des terres.

Jusque là, je n'aperçois point encore de forme représentative, c'est tout simplement la démocratie naturelle, celle des peuples pasteurs, celle par laquelle les sociétés commencent. Cependant, bientôt, dans l'absence d'administration et de gouvernement, dans ce chaos qui suivit la conquête, au milieu de cette confusion de tant de nations diverses, dont les unes, naguère vagabondes, devaient s'asseoir sur le sol; dont les autres, jadis civilisées, devaient leur faire place, la puissance s'attacha à la propriété foncière, et la féodalité commença. Des anciens conquérans dispersés dans le pays, les uns restèrent hommes libres, les autres devinrent seigneurs, ainsi que les principaux des peuples indigènes. Le principe féodal, qui serait absurde aujourd'hui, ne l'était pas du tout à l'époque où il est né. Tous ceux qui l'étudieront se convaincront qu'il offre un système parfaitement combiné pour l'installation et pour le maintien d'une conquête.

Une organisation à la fois civile et militaire, était singulièrement adaptée à la situation de peuples conquérans qui voulaient réellement tenir le pays, et qui ignoraient le moyen des garnisons; qui voulaient l'exploiter, et qui ne connaissaient guère d'autre impôt que les amendes; qui étaient obligés de rester toujours organisés en corps d'armée, et qui ne connaissaient pas l'usage de la solde militaire. Dans l'état de guerre, la magistrature ap-

partenait au grade ; dans l'état d'occupa-
tion, elle appartint à la propriété. Dans
l'armée, les chefs rendaient la justice ;
dans le pays, ce furent encore les chefs,
devenus seigneurs. On pense que la supériorité d'une terre sur des terres voisines, qui constitue la seigneurie, existait
déjà sous l'administration romaine ou
gauloise ; dans tous les cas, les Francs
l'eussent naturellement établie pour conserver leur organisation militaire, et pour
la planter, pour ainsi dire, sur le sol.
Dans leur système de protection et de
clientelle, les petits propriétaires devaient
naturellement se placer sous la sauve-
garde des grands. Quant à la redevance,
ou charge de service, c'était un usage
dominant déjà même sous les Romains ;
ils avaient souvent, on le sait, donné à
des barbares des terres en bénéfices, à
condition de les défendre. L'hérédité fut
ajoutée à ce genre de possession, par le

temps , l'habitude , l'usurpation et la force des choses : on ne doit pas s'en étonner, car l'introduction de l'hérédité est inévitable dans la propriété immobilière. Reste la hiérarchie, qui s'établit plus tard; mais c'est encore tout simplement la clientelle germaine , cette hiérarchie militaire qui unit le soldat au roi par des degrés intermédiaires ; seulement ce système fut combiné avec la propriété. Telle est, je crois, la féodalité expliquée dans son origine , à sa première et à sa seconde époque.

Un nouvel ordre politique naquit de cet état social. Pendant long-temps, l'ancienne société des hommes libres gouvernés chacun suivant la loi de sa nation , marcha à côté de la société seigneuriale. Celle-ci ne fit son envahissement que graduellement ; mais elle devait prédominer. Quand les conquérans se furent dispersés sur le territoire , les revues générales aux champs de mars ne furent plus possibles. Après s'être casés, ils se créèrent des intérêts locaux ; l'habitude de se réunir pour conférer ensemble ne fut pas entièrement perdue. Les assemblées de comtés eurent lieu, et remplacèrent, du moins pour les simples hommes libres, ou soldats, les revues ou assemblées générales. Un officier du prince, choisi par lui dans la classe de ceux qui l'entouraient, qui lui prêtaient serment directement, et qui jouissaient de sa faveur, parmi les *Leudes* enfin, présidait le comté. C'était le comte, magistrat civil et militaire, d'abord révocable, puis nommé à vie. Mably a prétendu que le territoire fut divisé, pour l'administration civile et judiciaire, en plusieurs duchés, lesquels furent subdivisés en comtés. Mais on ne trouve aucune preuve qu'il existât une semblable hiérarchie. Le mot *duc* paraîtrait indiquer dans l'origine une dignité plutôt militaire que civile; il s'appliquait peut-être à certains commandemens extraordinaires; mais rien ne démontre que les ducs fussent supérieurs aux comtes en vertu d'une institution générale. Des magistrats nommés *rachimbourgs*, et échevins (ceux-ci ne doivent pas être confondus avec les échevins des communes) servaient, au nombre de sept ou de douze, d'assesseurs aux comtes, rendant la justice, ou réglant les intérêts du pays, les contestations de localité, et les mesures d'administration.

Ici se présente encore une question de détail, dont l'importance est générale, comme nous le verrons. Mably assure que ces échevins étaient élus par le peuple, et rien ne confirme cette opinion; on voit dans le passage qu'il cite, que l'envoyé du roi pouvait chasser arbitrairement les scabins qu'il jugeait mauvais, et choisir à leur place, avec l'assentiment du peuple, ajoute-t-on, ceux qu'il jugeait bons. Il est facile de penser, d'après cela, quelle latitude avaient les agens du pouvoir royal. Ceux de leurs assesseurs qu'ils jugeaient mauvais, pouvaient bien être quelquefois de ces hommes peu dociles et difficiles à manier, qui se permettent de n'être pas toujours de l'avis de l'autorité, qui veulent voir clair dans toutes choses, et qui poussent ordinairement la présomption et l'irrévérence jusqu'à défendre les droits de leurs concitoyens, et plaider pour les intérêts de leur pays. On conçoit que les fonctionnaires présidens devaient se hâter de renvoyer de tels importuns, pour leur substituer des hommes moins clairvoyans ou plus traitables. Il est vrai que cette seconde désignation se faisait en présence et avec l'assentiment de l'assemblée du comté. Mais à quoi bon cet assentiment, lorsque le comte président est investi du droit de faire lui-même le choix? C'est donc une formalité illusoire ; on voit qu'il y a long-temps que l'autorité, après avoir fait des choix d'office, a voulu persuader au peuple que c'était lui qui les avait faits. On trouve également dans un capitulaire de Louis le Pieux, que les envoyés du Roi devaient choisir, pour faire les instructions, dire la vérité et assister les comtes dans la juridiction, les hommes les meilleurs et les plus véridiques qu'ils pussent trouver. C'est encore ici qu'il faut remarquer que de tout temps l'autorité a montré la même sollicitude à rechercher elle-même les hommes les meilleurs et les plus véridiques. Il semblerait que le peuple aurait toujours été enclin à confier ses intérêts à des hommes mauvais et menteurs. A voir la défiance que tous les gouvernemens ont montrée contre les choix du peuple, on dirait même qu'il serait intéressé à remettre le soin de ses affaires à des gens qui le trompent, et à charger de la défense de ses droits des gens qui le vendent.

Quoi qu'il en soit, il existait toujours quelque liberté dans ces assemblées de comtés, ou même elles étaient l'unique refuge où se conservaient encore les débris de l'antique liberté de la Germanie. Mais cet état ne pouvait durer; deux causes contribuèrent à le détruire : 1° la combinaison de la force organisée avec la propriété foncière, c'est-à-dire l'érection des seigneuries auxquelles les pouvoirs judiciaire et politique étaient attachés, et les nombreuses concessions du domaine royal aux leudes, qui les possédèrent seigneurialement; 2° la combinaison de la fausse opinion avec la propriété foncière, c'est-à-dire la puissance temporelle du haut clergé accrue par d'immenses donations territoriales, et la formation de ces vastes domaines en seigneuries. Ces nouvelles puissances attirèrent peu à peu les hommes libres à leur juridiction. Les assemblées de comté tombèrent en désuétude. Les hommes libres, fatigués de voyages qui n'étaient alors qu'onéreux, ne s'y rendirent plus; les échevins seuls continuèrent à y assister. Le fort poursuivit ses envahissemens sur la liberté et sur la propriété du faible. Le faible implora la protection de l'un des forts pour n'être pas vexé, jugé et pillé par tous; c'est ce qu'on nomma la *recommandation*. Le possesseur devint souvent simple colon; l'homme libre se fit vassal.

Mais dans cet état, le pouvoir dispersé dans les localités allait à la dissolution. Les leudes, qui, exerçant jadis l'autorité du roi, revenaient souvent près de sa personne pour renouveler leur mandat, ou pour solliciter les faveurs, alors devenus grands propriétaires, et n'ayant plus rien à obtenir, se tinrent dans leurs domaines, où ils exercèrent leur propre autorité. Ceux d'entre les rois Mérovingiens qui eurent quelque puissance , et qui réunirent sous leur sceptre plusieurs des royaumes formés en France par suite des partages héréditaires du domaine de la couronne , convoquèrent quelquefois les leudes pour obtenir leur approbation dans diverses entreprises. Les évêques et les abbés assistèrent comme seigneurs temporels et grands propriétaires à ces assemblées aristocratiques, nommées conciles ou synodes, et qui prenaient quelquefois le nom de plaids lorsque , moins nombreuses, elles jugeaient les contestations majeures. Sous les rois faibles , ces grands conseils cessèrent d'avoir lieu. Cela ne ressemble guère au gouvernement représentatif, car l'élection n'était là pour rien ; les seigneurs s'y rassemblaient comme grands propriétaires ; les évêques s'y rendaient comme seigneurs, et ils n'étaient plus élus par le peuple, comme aux temps de la primitive Eglise : tous venaient pour défendre leurs priviléges et leurs immunités. Le peuple n'était plus rien. Cependant il faut encore là reconnaître une des formes qui ont conduit à la représentation nationale, savoir la fédération aristocratique, forme mauvaise et injuste, il est vrai, mais qui fut nécessaire à l'introduction de la véritable forme, la députation électorale; qui lui servit d'abri et de soutien à sa naissance, et qui lui prépara, en quelque sorte, les cadres à remplir.

Cependant la dispersion et l'éloignement des leudes favorisèrent l'élévation rapide de ceux d'entre eux qui étaient restés attachés au palais comme premiers domestiques. Les maires du palais, après s'être emparés de l'autorité royale, songèrent à la relever. Les premiers entre les leudes qui l'avaient avilie, ils es-

sayèrent de la leur retirer quand ils l'exercèrent. Un grand homme survint, Pepin
Herstall ou Héristal. Il vit que toute la
monarchie était dissoute, que tout le
pouvoir était disséminé. Il comprit
qu'il fallait tout centraliser. Il n'existait
plus que des forces locales; il voulut les
réunir pour les tenir dans ses mains. Il
avait besoin de se concilier les grands
pour faire sanctionner sa puissance. Il
les convoqua en assemblée générale, et
il donna à cette réunion l'antique nom de
champ de Mars; le nom ne doit point
nous tromper, la chose n'existait plus.
Pepin n'en arriva pas moins à son but : il
centralisa.

Ici se présente une vue que je crois
dominante dans cette matière; c'est que
la forme représentative, transmise par
la féodalité, s'est renouvelée à diverses
époques par le besoin qu'avaient les rois
de centraliser l'autorité et les intérêts.

La nature de la féodalité était de travailler constamment à dissoudre l'unité politique, à détruire la monarchie; elle transportait tout dans les localités, et brisant tous les liens qui rattachaient le pays au centre, elle établissait un centre partout où existait une force quelconque, une ville ou un château. Les rois au contraire, pour subsister, avaient besoin de tout rappeler au centre, force et argent. Sans cela pense-t-on que les rois d'Angleterre eussent été si exacts à rassembler le conseil des barons? croit-on que les premiers Carlovingiens eussent songé à convoquer les seigneurs et les évêques? que Philippe le Bel eût été très-jaloux de rétablir les assemblées nationales? Quand la centralisation fut bien assurée en France, qu'arriva-t-il? le pouvoir royal se passa bien vite des états-généraux, et le despotisme administratif s'établit. La même chose se fit en Espagne. S'il n'en fut pas ainsi en

Angleterre, c'est par des raisons qui seront exposées plus tard. Revenons à Pepin Herstall.

Cet homme fut sans doute un habile politique, puisqu'il se concilia les grands, que les maires précédens avaient mécontentés. Il parvint par les armes et par l'adresse à réunir sous son pouvoir les divers royaumes qui divisaient la France : il restaura la royauté mérovingienne qu'il transmit à ses descendans. Ceux-ci furent encore trois grands hommes : hérédité du génie et du courage, rare dans l'histoire; ce fut la légitimité des Carlovingiens. Charles-Martel, plus puissant encore que son père, sut aussi contenir les grands tout en les réunissant; mais il les réunit plus souvent encore dans les batailles que dans les conseils. Il imprima sur les titres de son autorité récente le sceau de la victoire; il réprima les tyrannies subalternes, et s'assura de la fidélité de ses chefs en leur donnant en bénéfices militaires une partie des biens du clergé. Pepin le Bref voulut la couronne, que son père et son aïeul avaient dédaignée. Les grands, qu'il favorisa, et qui le regardaient comme leur chef; le clergé, duquel il se fit pardonner en partie les spoliations de son père, par des restitutions, se prêtèrent à son élévation. L'évêque de Rome, déjà souverain pontife, flatté d'être pris pour arbitre par cet adroit ambitieux, sanctifia son usurpation avec une cérémonie; après avoir donné cette fameuse décision qui consacrait le pouvoir de fait. Enfin Charlemagne vint, plus grand à son tour que ses prédécesseurs, peut-être parce que, grâce à eux, il était plus puissant; il entreprit d'être fort non-seulement par les grands, mais encore par le peuple; c'est un meilleur moyen de le devenir.

Mais ici nous sommes arrivés à une époque assez importante dans l'histoire

des assemblées nationales. Il faut nous y
arrêter. Dans l'étude suivante, nous exa-
minerons l'influence passagère des institutions de ce grand homme, qui ne put
vaincre la force des choses , mais qui la
suspendit un moment, et qui arrêta de
son vivant la dissolution de la monarchie,
à laquelle tendait la féodalité. Quand nous
en serons à l'époque du triomphe du gouvernement féodal, nous observerons son
établissement en Angleterre, et nous y
chercherons les différences essentielles
dans les institutions des deux peuples ,
différences qui nous expliqueront pourquoi l'un a devancé l'autre dans la car-
rière de la liberté.

ÉTUDE TROISIÈME.

Epoque de Charlemagne. — Plaids ou conseils d'automne. Champs de mai où sont admis des hommes du peuple. De leur forme et de leur mode de délibération. — De l'origine de la délibération séparée des trois ordres. — De l'initiative royale et de la sanction des capitulaires. —. Des quatre grandes légations et des assises. — Décadence et dissolution de la monarchie. Etablissement du régime féodal. Ses conséquences. — Importation de la féodalité en Angleterre; circonstances qui l'accompagnent. — De la royauté sous les rois normands d'Angleterre. Des barons anglais. — Différences du régime féodal en Angleterre et en France.

En recherchant dans les annales européennes les traces plus ou moins légères, les formes plus ou moins imparfaites de représentation nationale qui s'y rencontrent, je suis arrivé à l'époque de Char-

lemagne. Cette époque mérite notre attention. Ce n'est pas qu'elle ait une importance qui s'étende aux siècles suivans.
Charlemagne ne put travailler pour l'a-
venir, parce qu'il voulait l'ordre, et que
le désordre devait s'accomplir. Il fit du
bien présent qui n'était pas destiné à lui
survivre long-temps ; presque rien ne
remonte à ses institutions, et il n'en resta
presque rien. Il ne put vaincre la force
des choses, mais il la suspendit un moment, et il sut arrêter de son vivant la
dissolution de la monarchie, dissolution
à laquelle tendait la féodalité. L'intérêt
qui s'attache à ce qu'a fait ce grand
homme est donc tout-à-fait à part de l'u-
tilité que nous cherchons dans la filiation
des institutions. Nous nous reposons à ce
règne, et nous l'étudions en grande partie par curiosité, comme des voyageurs
égarés dans le désert, qui, rencontrant
un monument imposant de l'antiquité,

s'arrêtent pour l'admirer, sans y chercher l'indication de la route qui leur reste à faire.

Charlemagne sentit l'importance de la centralisation, et il eut (comme l'a observé Montesquieu) des idées d'ordre et d'uniformité. Il dut profiter des moyens que lui offraient les assemblées nationales pour accomplir ses projets. Son bisaïeul, Pepin de Herstall, avait rétabli les conseils des grands sous le nom de champ de mars; Pepin, son père, les avait convoqués régulièrement tous les ans, et les avait transférés au mois de mai, à cause, dit-on, de la saison des fourrages, et parce qu'alors l'usage de la cavalerie, autrefois inconnu aux Francs, s'était introduit. Charlemagne alla plus loin; il statua que deux assemblées par an seraient convoquées, l'une en plein air, au *Mallum*, dans le mois de mai, l'autre en automne, et à couvert.

Si nous lisons avec attention la fameuse lettre du contemporain Hincmar, sur l'ordre du gouvernement, laquelle nous transmet les documens les plus curieux à cet égard, nous reconnaîtrons facilement que l'assemblée d'automne n'était guère autre chose qu'une sorte de conseil d'Etat, dans lequel se préparaient les lois et les actes politiques. Elle portait ordinairement le nom de *plaid*, *placitum*, nom que nous voyons attribuer, dès la première race, aux réunions de seigneurs. Cette assemblée d'automne était composée de seigneurs seulement et des principaux conseillers, *cum senioribus tantùm et præcipuis consiliariis habebatur*. C'étaient nécessairement ou les hommes les plus puissans, ou ceux sur lesquels le roi comptait le plus, ou ceux dont l'expérience était reconnue. Les débats y étaient entourés d'un secret impénétrable; on y traitait des largesses à

5.

distribuer, de la paix et de la guerre, de l'administration intérieure.

Tout était soumis aux délibérations et à la ratification de l'assemblée suivante de mai. En effet, un passage d'Hincmar nous apprend que les capitulaires non approuvés devaient être supprimés, ne faisaient point loi et n'avaient aucune valeur.

Charlemagne, qui voulait relever la nation à la tête de laquelle il était placé, qui voulait y réveiller toutes les industries, toutes les ambitions que l'immobilisation féodale tendait à comprimer, eut naturellement la pensée de rendre à l'ancienne classe des hommes libres une partie de l'importance qu'elle avait eue autrefois. Cette classe était diminuée en nombre et appauvrie ; cependant elle conservait encore un reste d'existence, et cette existence devait se faire jour sous un gouvernement à grandes vues. Charlemagne admit donc des hommes libres dans les assemblées du champ de mai. Quels étaient ces hommes ? Voici ce qu'on trouve dans un capitulaire dont la date se rapporte à l'an 819 : « L'empereur notre maître veut que dans le plaid qu'il aura convoqué, se rendent tous les comtes, et que chacun amène avec soi douze échevins, s'il en existe un tel nombre, sinon il le complètera avec les meilleurs hommes du comté. Les avoués des évêques, des abbés et des abbesses, viendront aussi. »

Il faut convenir qu'il est difficile de voir là, comme Mably, rien qui ressemble à des députés, à de l'élection. Il est bien clair que les comtes avaient le choix des meilleurs hommes, qu'ils prenaient parmi les bons, sans doute de la même manière qu'ils désignaient les échevins, ainsi que nous l'avons déjà vu. Puisque ces échevins étaient arbitrairement désignés par l'agent de l'empereur, il n'y avait point élection du peuple. Chacun se rendait donc à l'assemblée en vertu d'un droit personnel. L'élection ne pouvait guère avoir lieu dans l'état d'abaissement où était l'élément populaire ; on appelait les principaux entre les hommes libres, moins pour le besoin qu'on avait de ceux - ci que pour relever leur dignité. L'élection a lieu quand le pouvoir désire d'entrer en relation avec de grandes masses, avec des villes, des cantons. A cette époque où les influences locales envahissaient tout, il n'en existait guère d'autres que celles que le pouvoir créait lui-même. N'ayant point à interroger une nation qui pût répondre par ses mandataires, il s'entourait de ses propres agens, pour les éclairer, les diriger, et se faire rendre compte des besoins du pays. On sent bien que ce n'est pas encore là le gouvernement représentatif ; mais c'en est assurément la plus belle image qui pût se présenter dans un temps de dissolution et de barbarie.

C'est dans ces grandes assemblées de Charlemagne que nous remarquons pour la première fois un fait important dans l'histoire de la représentation nationale. Je veux parler de la délibération séparée des divers ordres. Je sais qu'on a souvent fait un reproche à Mably d'avoir aperçu, dès les assemblées du champ de mai, les trois ordres tels qu'ils se montrèrent plus tard dans nos états-généraux. Il est vrai qu'alors les hommes libres qui étaient amenés par les comtes pour prendre part aux discussions, n'avaient pas le nom de tiers-état, et n'étaient pas non plus tout-à-fait la même chose. En effet, les députés des bonnes villes et des bailliages furent les élus du peuple, tandis que les rachimbourgs et les scabins n'étaient que des officiers institués par le pouvoir. Les capitulaires les désignent par le mot *populus*, parce que ce mot les distingue d'avec les seigneurs. Néanmoins il faut ici du moins reconnaître la délibération séparée des seigneurs ecclésiastiques et des seigneurs laïques. Cette séparation, qui probablement date de plus loin, et s'était sans doute effectuée déjà dans les grands conseils de leudes et d'évêques sous les premiers Mérovingiens, ou dans les champs de mars sous Pepin de Herstall, eut une grande influence sur la forme et sur le sort de nos assemblées délibérantes. On sait combien le pouvoir royal eut d'avantage à tirer parti des prétentions isolées et de la rivalité des trois ordres, pour les diriger ou paralyser leurs délibérations, ou pour faire tomber celles-ci dans le discrédit. Il n'en fut pas de même en Angleterre, où la division des états en deux seuls corps délibérans a beaucoup fortifié leur action en la simplifiant. D'où cela est-il venu ? Est-il constant que dans l'assemblée des seigneurs saxons, les clercs fussent toujours confondus avec les laïques ? Ne serait-ce point que le clergé, après la conquête, étant presque en entier composé de Normands, devait naturellement faire cause commune avec tous les barons laïques qui formaient l'assemblée féodale de l'Angleterre ? Cette dernière considération pourrait expliquer l'origine de la réunion des pairs ecclésiastiques et laïques dans un seul corps.

L'éclaircissement de cette question de l'origine de la séparation des ordres, serait de quelque intérêt pour notre histoire ; mais nous manquons d'élémens pour la résoudre. Nous savons par la lettre d'Hincmar que les trois corps délibérans se réunissaient quelquefois pour se communiquer les décisions que chacun avait prises pour ses intérêts particuliers et relativement à son organisation, ou les résolutions concernant les affaires mixtes qui touchaient aux intérêts de deux ordres ou des trois ensemble. Mais quel était alors le mode de leurs délibérations? Se faisaient-elles par tête ou par ordre? Ce dernier cas est le plus probable. Cependant on serait tenté de penser le contraire d'après ce passage d'un capitulaire qui se rapporte à l'an 803 : « Et après que *tous* auront consenti, ils feront leurs suscriptions et mettront leur signature. *Et postquam omnes consenserint, subscriptiones et manufirmationes suas in ipsis capitulis faciant.* Exigeait-on l'unanimité individuelle? cela n'est guère croyable. Voulait-on seulement l'unanimité ou l'assentiment des trois corps, c'est-à-dire de leurs majorités? cela n'est point exprimé. Etait-ce plutôt la majorité numérique de toute l'assemblée? rien ne nous l'assure. Il serait possible cependant de trouver le vote par tête, d'après une induction assez peu forcée, dans ce passage qui n'a pas encore été remarqué sous ce rapport. Mais je n'entreprendrai point de construire un système sur une base aussi étroite, ainsi que de savans critiques ont eu souvent trop de penchant à faire en pareil cas. Nous n'avons aucunes notions précises sur le régime intérieur des assemblées délibérantes de ces temps, et sur leur manière de voter. Contentons-nous de ce que nous savons positivement. C'est moins avec un grand nombre de faits douteux qu'avec un petit nombre de faits certains, que nous devons former notre opinion, et composer l'ensemble des faits généraux avec lesquels nous expliquons l'histoire.

Nous sommes mieux informés sur ce qui concerne l'initiative du législateur. Charlemagne se l'était réservée exclusivement, et c'était dans l'ordre; c'était de son côté qu'étaient les lumières et la volonté d'organiser. La nation ne pouvait être jalouse d'une initiative à laquelle elle était inhabile, et dont le pouvoir se montrait digne. Les prétentions qu'avaient peut-être les seigneurs et le haut clergé, devaient être restreintes à leurs intérêts de privilége et d'immunité. Aussi les capitulaires, après avoir été approuvés par l'assemblée générale, étaient-ils rédigés dans le nom de Charlemagne. Ses titres figurent en tête du protocole, suivant l'usage de la chancellerie des empereurs de Constantinople, et il s'y exprime impérativement par des mots tels que *nous voulons, nous ordonnons.* Néanmoins, malgré cette forme, qui est celle des décrets, différens passages insérés, sans doute à dessein, dans les capitulaires, leur donnent bien le caractère de la loi. Je n'en citerai point les textes, qui sont suffisamment connus, et dont le sens est : *Capitulaires que les Francs ont jugés devoir être tenus pour loi,* ou bien *la loi est faite par le consentement du peuple et par la volonté du roi,* ou même *par le consentement du roi et la volonté du peuple.* C'était ainsi que le grand organisateur de cette époque songeait à revêtir ses propres intentions de la sanction du vœu général. Il avait un génie trop élevé pour ne pas sentir que là est la véritable force du législateur. Le grand moyen de conduire les hommes, c'est de leur commander ce qu'ils désirent, ou de savoir les faire consentir à ce qu'on leur ordonne.

Tel était le secret de Charlemagne. Il prit les plus grandes précautions pour ne pas paraître gêner la liberté des délibérations et des suffrages, ni les influencer en rien. Il n'assistait point aux assemblées, ou il ne s'y rendait que lorsqu'il y était appelé pour y concilier les avis. On pense

bien que sa voix devait être prépondé-
rante; on peut même très-bien supposer
qu'il avait parmi les assistans des affidés
qui, dans son absence, dirigeaient les
discussions suivant ses desseins, faisaient
prévaloir son opinion, et lui rendaient
compte de tout ce qui se passait. Il n'en
est pas moins vrai que son respect pour
l'indépendance des discussions, n'eût-il
existé que dans la forme, est remarquable
dans un tel siècle, et mériterait même
aujourd'hui les plus grands éloges. Voici
un exemple de cette louable déférence.
Un jour Charlemagne écrivit ceci aux
évêques assemblés : « Je mande vers vous
des commissaires qui concourront, en
mon nom, avec vous, à corriger les abus
dont la réforme est nécessaire. Ils ont
ordre de vous soumettre quelques projets
de réglemens que je crois utiles. Mais de
grâce, ne prenez pas en mauvaise part
des conseils que me suggère mon zèle

pour tout ce qui vous touche. » Tel était
le langage d'un prince alors le plus puissant de l'Europe. Il est vrai qu'il parlait
aux évêques, qui étaient le premier corps
de l'État. C'est ainsi que s'exprimait
Louis XII en s'adressant au peuple.
C'est ainsi que parla un jour Henri IV à
l'assemblée de notables, qu'il convoqua;
ce langage eût été plus beau s'il l'eût
tenu à une assemblée d'états - généraux.

Charlemagne ne songea pas seulement
à placer la délibération au centre, pour
fortifier son pouvoir et vivifier l'État. Il
la rétablit aussi dans les localités, non
pas au point où elle était dans les premiers temps des Mérovingiens, mais sans
doute autant qu'il était possible de le faire
de son temps. En effet, les institutions
doivent toujours suivre l'état de la société;
elles feraient de vains efforts pour mettre
en évidence des influences, des intérêts
qui n'existent pas. La classe des hommes

6.

libres, comme nous l'avons vu, était déchue, diminuée, appauvrie. Les faibles étaient devenus colons, ou même serfs; les forts étaient devenus seigneurs ou vavasseurs. Ce qui en restait, sans cesse en butte aux envahissemens de la juridiction et de la fiscalité seigneuriales, ne pouvait lutter avec avantage. Les comtes, qui devaient, d'après leur institution, protéger ces sujets immédiats des rois, les vexaient et les taxaient eux-mêmes. Les assemblées de comté n'offrant plus qu'un vain simulacre de liberté, s'y rendre était devenu une charge plus qu'un privilége. Les hommes libres qui en avaient le droit avaient fini par n'y aller que par force, et demandaient en grâce d'en être dispensés. Charlemagne conçut que, dans un tel état de choses, le seul moyen de soustraire le peuple à l'oppression était de surveiller la juridiction des seigneurs et des comtes; et pour cela,

au lieu de laisser ceux-ci exercer, chacun dans son comté et sans opposition,
le pouvoir administratif et judiciaire, il
eut la pensée de les obliger eux-mêmes
à se rendre dans des assemblées particulières pour subir l'inspection de ses officiers.

Deux capitulaires nous transmettent
les principales bases de cette utile institution. Quatre endroits étaient fixés
pour ces réunions dans l'empire, qui
était apparemment divisé en quatre grandes légations. Quatre mois de l'année,
un dans chaque saison, furent d'abord
désignés pour la tenue de ces plaids ou
assises d'appel; pendant les autres mois,
les comtes rendaient, comme à l'ordinaire, la justice directement. Le nombre
des commissaires, nommés *missi domi-
nici* ou *legati regii*, paraît aussi avoir
été de quatre. Chacun rassemblait tous
les évêques, abbés, comtes, vidames, etc.,

de sa légation. S'il leur était impossible de se rendre tous au même lieu, le plaid pouvait être réparti dans trois lieux différens, ou même plus s'il était nécessaire pour la commodité des pauvres, qui appelaient des sentences ou peut-être des dénis de justice; *propter pauperes populi.* Les pauvres sont si rarement nommés dans les lois de ces siècles de fer, qu'on est ému en les voyant figurer ici : cette sollicitude seule suffirait pour nous avertir que l'âme d'un grand homme était là. En effet, les princes vulgaires ne songent qu'à satisfaire les classes élevées, et n'entendent que la voix de ceux qui menacent en postulant.

Chacun des comtes devait amener avec lui ses *vicarii,* ou suppléans; ses centeniers ou juges d'un degré inférieur, et trois ou quatre de ses *scabinei* ou assesseurs. Enfin le légat ou commissaire de l'empereur, qui était sans doute choisi parmi les prélats ou les grands seigneurs, pouvait casser et réformer les jugemens, et il faisait son rapport sur les besoins du pays et sur les causes importantes à l'assemblée générale.

Mais toute cette organisation était viagère, et les institutions de Charlemagne n'étaient assurées que sur la tête de ce grand homme. Elles se soutinrent encore un peu sous le faible Louis le Pieux, parce que le mouvement était vigoureusement donné; mais l'imbécile Charles le Chauve n'ayant pas la main assez forte pour remonter les ressorts de cette machine politique, le mouvement s'arrêta. Les hommes libres, n'étant plus protégés par le pouvoir central, rentrèrent dans l'isolement, et ne reparurent plus dans les assemblées : cette classe cessa d'être comptée dans l'État. Les seigneurs et les prélats seuls se réunirent, les uns dans les parlemens, les autres dans des conciles;

ces deux ordres se disputèrent les lambeaux de la monarchie, à laquelle l'invasion des Normands était moins funeste que les usurpations féodales. Les maires, aïeux des Carlovingiens, avaient habilement convoqué les grands pour sanctionner leur puissance : ces mêmes grands se rassemblaient encore pour donner ou pour ôter la couronne aux descendans des Pepin et des Charles ; mais la puissance de cette couronne n'existait plus. Les choses reprenaient leur cours : le pouvoir se dispersait dans les localités. Les comtes, jadis fonctionnaires révocables, se rendaient héréditaires, après s'être faits inamovibles : ils démembraient la royauté, et devenaient souverains presque indépendans. Les officiers inférieurs en faisaient autant. Quand des changemens s'opèrent dans les premiers degrés de l'échelle sociale, ils se font sentir jusqu'aux derniers : l'imitation autorise

tout. L'hérédité des pouvoirs locaux s'é-
tablit comme celle des fiefs et des seigneuries : pour les premiers, la hiérarchie se trouva tout organisée ; c'était
celle de l'administration royale qui s'im-
mobilisa. Alors commença le régime
féodal.

En voyant se dissoudre ainsi l'admi-
rable centralisation qui avait été si habilement formée par Charlemagne et ses trois
prédécesseurs, je me sens arrêter par de
nombreuses réflexions. Combien de questions importantes ne se présenteraient
point ici ? Je me demanderais , par
exemple, jusqu'où s'étend l'influence des
grands hommes sur les choses ? Qui assure la durée de leurs institutions ? Est-
ce l'accord de celles-ci avec les besoins
des peuples , ou avec la raison et la justice ? Mais on voit des institutions justes
et raisonnables s'écrouler et dépérir ; on
voit les peuples tendre quelquefois à la

dissolution des liens qui les constituent, ou du moins on voit les classes qui vivent sur les peuples par la force ou par le mensonge, amener irrésistiblement cette dissolution. Dans certaines situations politiques, est-il toujours possible de découvrir les véritables besoins de la société, c'est-à-dire du plus grand nombre, lorsque ce plus grand nombre est avili ou abruti par la misère et l'oppression, lorsqu'il ne peut même élever ses pensées jusqu'à la plainte? Car, pour se plaindre, il faut avoir l'idée d'un état meilleur que le sien, et l'habitude de souffrir devient une manière de vivre. Quand le corps social est dans un état tel que les oppresseurs seuls paraissent à la surface, et que les opprimés, n'osant pas même se montrer, sont à peine aperçus, il est profondément attaqué. Alors peut-être aucun remède ne peut lui rendre la santé pour long-temps : il doit subir enfin la maladie qui le menace, jusqu'au temps où une crise salutaire rétablira l'équilibre de ses forces.

Apparemment il restait assez d'hommes libres, et ils avaient encore assez de consistance sous les derniers Mérovingiens, pour que les habiles fondateurs de la dynastie carlovingienne pussent y trouver quelque appui, les protéger efficacement, et relever la royauté en constituant mieux la nation. Ces quatre grands hommes rassemblèrent l'aristocratie et se mirent à sa tête, parce qu'elle était encore accoutumée à avoir un chef. Charlemagne rassembla ce qui restait encore de la classe mitoyenne, parce qu'il voulait être un roi puissant, et qu'il n'y a pas de royauté puissante là où cette classe n'existe pas. Sous les derniers Carlovingiens il n'en pouvait plus être ainsi. Voilà ce qui nous explique pourquoi aucun des premiers Capétiens, tels, par exemple, que le roi Eudes de Paris, le duc de France Hugues le Grand, et son fils, Hugues Capet, qui étaient pourtant des hommes supérieurs, ne purent jouer le rôle des Pepin et des Charles. L'aristocratie n'avait plus besoin d'un chef qui l'enrichît, qui lui donnât du terrain, confirmât ses priviléges, légitimât ses usurpations, sanctionnât ses tyrannies locales. Toute la royauté lui appartenait en détail; elle était devenue propriétaire de ses dignités, de ses offices, de ses taxes et amendes, enfin de ses pouvoirs. Quant à la classe mitoyenne, il était encore plus difficile de la rallier et de s'appuyer sur elle, puisqu'elle n'existait plus.

Une vérité importante doit éclater ici, c'est que la centralisation royale s'est opérée à l'aide de la classe mitoyenne, et la dissolution de la monarchie s'est faite par les classes aristocratiques, qui usurpèrent les pouvoirs locaux. La politique de Charlemagne a été de maintenir une sorte d'équilibre entre la classe des hommes libres et celle des privilégiés. Il n'a pas combattu la féodalité; il l'a reconnue à côté des institutions libres, il lui a tracé des limites, et il a réglé sa police par des lois. Mais la féodalité devait être plus forte que la royauté, et devait morceler la monarchie. Alors quelle fut la politique des comtes de Paris, ou, si l'on veut, des rois suzerains de la France? Essayer d'abord de trouver, d'assister, de relever une classe mitoyenne; s'unir à elle pour résister à la haute féodalité, et par la suite à la féodalité subalterne; enfin, tendre constamment à rétablir la centralisation. Leurs successeurs étant devenus plus forts que la féodalité, de suzerains qu'ils étaient, parvinrent à se faire reconnaître comme souverains. Ils se rendirent plus forts encore en établissant à l'aide des assemblées la centralisation représentative, qui les mit en communication directe avec toute la classe mitoyenne. Enfin ils devinrent assez puissans pour supprimer les assemblées, et ils leur substituèrent leurs intendans : ce fut la centralisation administrative ou royale, qui est le despotisme, de même que la centralisation représentative ou nationale est la liberté.

La marche des choses fut différente en Angleterre, où la féodalité n'empêcha point la centralisation de subsister à côté d'elle. On compare souvent le rôle que joua l'aristocratie en France et en Angleterre; on a aisément remarqué que la direction n'est pas semblable dans les deux pays, puisqu'elle a conduit l'un au gouvernement parlementaire dont il jouit depuis un siècle. Mais les uns (les Whigs) ont voulu trop expliquer; ils ont fait remonter la constitution d'Angleterre à la grande Charte, ou même à Guillaume le Conquérant, ou, qui plus est, aux institutions d'Alfred. Les autres (les Torys) n'ont pas voulu assez expliquer; ils ne placent pas l'origine de la constitution anglaise plus loin que la révolution de 1640. Il y a peut-être un moyen terme à prendre ici.

Il est certain que tout se tient dans l'histoire; il est peut-être des institutions ou des coutumes actuelles qui remontent par un enchaînement invisible à des causes de la plus haute antiquité. Mais comment essayer de réunir tous les anneaux de cette chaîne mystérieuse de la destinée des peuples, où souvent les contraires se touchent et sont produits l'un par l'autre? Dans l'impuissance de saisir toujours sûrement la liaison des choses, quant au fond, bornons-nous quelquefois à la rechercher dans la forme; car, comme je l'ai déjà dit, la forme est beaucoup en politique. Arrêtons - nous surtout aux formes les plus apparentes; elles nous offriront d'utiles indices, qui nous conduiront à la connaissance du fond. Les différences qui existèrent entre la féodalité française et la féodalité anglaise sont de ce nombre. L'explication de la naissance du gouvernement représentatif n'y est pas tout entière; mais elle s'y trouve en partie. Ce sujet mérite donc quelque attention.

Nous avons laissé en France la féodalité victorieuse du pouvoir royal; elle a démembré la monarchie. Les gouverneurs, en considérant leurs provinces comme de grands fiefs, sont devenus, par le fait, des souverains indépendans, quoiqu'ils reconnussent être obligés envers la couronne à un hommage qui devait être illusoire, et qui le fut. Ces souverains ou grands vassaux sont, chacun dans ses états, le véritable sommet de la hiérarchie féodale, le centre des pouvoirs. J'ai appelé cela la haute féodalité, ou, si l'on veut, la féodalité provinciale. Rien de semblable n'eut lieu en Angleterre.

Guillaume le Bâtard, duc de Normandie, l'un de ces vassaux qui étaient souvent plus que les égaux de nos rois, ayant conquis l'Angleterre avec ses propres forces, y trouva un peuple dont l'état social était à peu près celui de nos Francs sous la première race. L'empreinte de l'origine germanique s'y était conservée plus long-temps, parce que de fréquentes incursions des Saxons et des Danois l'avaient renouvelée. Mais on y retrouvait les institutions libres, telles que les assemblées de comtés, le jugement par les pairs avec les preuves par témoins; enfin une assemblée générale des évêques, des abbés, des chefs civils et militaires, et des grands propriétaires ou seigneurs nommés *thanes*, assistait les rois dans le gouvernement. Guillaume sentit que, pour conserver sa conquête, il n'avait rien de mieux à faire que d'établir la féodalité. Partager le pays entre ses Normands, leur inféoder les terres, et reléguer les Anglo-Saxons dans le rang d'arrière-vassaux et de serfs, fut une chose facile. Des châteaux formidables s'élevèrent sur toutes les hauteurs; les insurrections des vaincus furent réprimées promptement, et la féodalité, qui était alors en Normandie une organisation assez perfectionnée, fut établie en Angleterre avec la promptitude d'application d'un système connu; à peu près comme l'administration française a été, dans ces derniers temps, improvisée dans les pays conquis. Il suit de là que Guillaume, faisant la féodalité à neuf, la fit dans l'intérêt de son pouvoir. Tout naturellement il se garda bien d'établir la féodalité souveraine, dont les rois de

France se trouvaient si mal ; et ce système ne pouvait s'établir malgré lui, car il n'était pas un Charles le Chauve. Ses seigneurs normands, auxquels il distribua près de sept cents grands fiefs, étaient obligés de se tenir tous unis , dans l'intérêt de leur sécurité , au milieu d'une nation conquise, qu'ils irritaient par leur tyrannie et par leurs mépris. Guillaume fut, après sa conquête de l'Angleterre, un duc de Normandie qui avait agrandi ses États , et il régna sur l'Angleterre de la même manière qu'il régnait sur la Normandie. Cela nous explique pourquoi nous ne trouvons point dans l'histoire d'Angleterre de ces grands vassaux indépendans , et toujours en guerre entre eux ou contre la couronne, comme nous en voyons dans notre histoire pendant plus de quatre siècles. Les barons anglais, tous à peu près égaux en forces , formaient un corps assez homogène ; soit qu'ils subissent le despotisme royal, soit qu'ils fissent des tentatives pour lui résister et lui fixer des limites, obéissans ou insurgés, ils étaient toujours les sujets du roi. Quand une partie des barons et du clergé était révoltée, le roi se défendait avec celle qui lui restait fidèle : quand tous les barons s'unissaient contre lui, il était obligé de céder.

On voit qu'en Angleterre la féodalité était très-compacte, et formait un tout assez régulier, qui avait un centre, la royauté. Cette royauté était forte et souvent despotique; les rois n'étaient pas réduits comme les nôtres dans ce temps, à ne subsister que des ressources de l'étroit domaine de la couronne. Outre qu'ils avaient un immense domaine privé qu'ils agrandirent par la spoliation, ils percevaient des taxes féodales de diverses espèces sur les barons leurs vassaux; quelquefois même le clergé leur en accordait, et l'on voit Guillaume lever sur toute la nation l'ancienne taxe générale du *Danegelt*, établie dans l'origine pour l'expulsion des Danois. Les rois de France de la même époque n'avaient pas la moindre somme à prétendre des vassaux d'un comte de Champagne, ou même d'un sire de Corbeil. Voilà pour les finances. Nous verrons, par la même raison, la même supériorité du côté des monarques anglais pour la force militaire. Ils soudoyèrent et tinrent sur pied en permanence des corps armés de Brabançons, avant que Philippe-Auguste, auquel sans doute ils en donnèrent l'exemple, n'usât de ce moyen puissant d'assurer la suprématie de la couronne.

L'organisation féodale de l'Angleterre présente encore une autre cause de centralisation qui n'existait pas en France ; c'est le grand conseil ou cour des barons. Quoique cette assemblée, tantôt plus ou moins solennelle, plus ou moins nombreuse, n'eût guère que le pouvoir judiciaire, conformément aux principes de la féodalité, et quoique les rois ne lui soumissent pas toujours l'examen des affaires politiques, elle avait cet avantage, qu'elle empêchait l'isolement.

On objectera qu'en France les rois avaient aussi leur cour des pairs ou des grands vassaux du royaume; mais ils ne pouvaient ou n'osaient presque jamais la rassembler. C'était une sorte de congrès de souverains féodaux, qui ne ressemblait en rien au conseil des barons anglais. On dira que les grands vassaux étaient obligés de se ranger sous la bannière de nos rois, quand ceux-ci les appelaient pour repousser l'ennemi étranger. Mais on sait ce qui arriva lorsque Louis le Gros eut réuni une armée formidable, en vertu du ban féodal. Les Impériaux ayant repassé le Rhin, les seigneurs français se séparèrent et laissèrent le roi sans armée, au lieu d'aller attaquer le roi d'Angleterre, son ennemi voisin. En effet, ce prince était comme eux, en sa qualité de duc de Normandie, un des grands vassaux de la couronne, et ils ne voulaient pas accroître la puissance du roi de France au détriment d'aucun d'eux.

Cependant nos rois trouvèrent quelquefois le moyen d'acquérir de nouvelles forces, en divisant celles de leurs principaux ennemis, et en semant entre eux des mésintelligences. En s'abstenant de paraître à la cour du Roi, lorsqu'ils y étaient convoqués, comme pairs du royaume, les grands vassaux perdirent l'occasion de conférer ensemble sur leurs intérêts communs, et de s'avertir mutuellement des empiétemens de la couronne. Mais les rois s'étaient avisés de créer eux-mêmes des pairs d'un rang inférieur, tels que leurs grands officiers; et l'orgueil des souverains féodaux répugnait à siéger parmi des domestiques de cour. Les grands d'Angleterre ne firent point ainsi; ils continuèrent constamment à se réunir dans les parlemens. Voilà pourquoi ils formèrent toujours un corps politique qui s'est perpétué jusqu'à la pairie actuelle.

Nos rois, jusqu'à Philippe-Auguste, ne purent guère songer à autre chose qu'à prendre de la supériorité sur chacun des grands vassaux l'un après l'autre; mais ce ne fut là qu'une contestation de souverain à souverain. En observant avec attention comment les diverses provinces furent successivement replacées sous le sceptre, on verra que presque toutes le furent par héritage, cession, alliance ou par des traités. Les provinces seules qui appartenaient aux rois d'Angleterre, comme comtes ou ducs, et en raison de leurs alliances, furent acquises par la confiscation ou par la conquête. Nos rois ne contestèrent jamais ouvertement le droit de souveraineté des autres grands vassaux, comme s'ils eussent eu toujours présentes à la mémoire leur origine commune, et l'élévation de Hugues Capet, qui, sorti des rangs des seigneurs, ne fut que le premier entre ses égaux, et se fit répondre par l'un d'eux : Qui t'a fait roi ? Ce mot caractérise parfaitement la situation de nos rois à l'égard des grands vassaux. On nous a conservé un propos tenu par un baron anglais, et qui peut lui servir de pendant. Lorsque Edouard Ier envoya des commissaires chez les seigneurs pour visiter leurs titres de possession, et empêcher les fraudes qui diminuaient les revenus du fisc, l'un d'eux répondit fièrement en tirant son épée : « Guillaume le Bâtard n'a pas conquis le royaume pour lui seul ; un de mes aïeux fut son compagnon, et je garderai ce que depuis ce temps-là on n'a jamais disputé à ma famille. » Comparez ce mot au précédent, et vous sentirez la différence des deux aristocraties. Le compagnon de Guillaume n'était pas son égal; il était son vassal; mais il était le maître dans son fief, en s'acquittant des devoirs auxquels il était tenu.

Nous comprenons, par tout ce qui vient d'être dit, comment l'aristocratie anglaise, qui ne guerroyait pas contre les rois de souverain à souverain, comme faisait la nôtre, fut obligée de stipuler quelquefois en faveur du peuple, pour se donner un appui et pour colorer ses rebellions. De leur côté les rois normands, qui avaient conservé les habitudes et la réalité d'un pouvoir très-absolu, opprimaient et pillaient horriblement les barons et le peuple en même temps. Ils créèrent ainsi une résistance commune qui se renouvela souvent, et ils entre-

tinrent dans la nation une sorte d'alliance
d'opposition entre la haute classe et la
classe moyenne, alliance dont notre histoire offre très-peu d'exemples.

ÉTUDE QUATRIÈME.

Suite des considérations sur la féodalité en Angleterre. — Le gouvernement anglo-saxon. La conquête. Les résistances qu'éprouve la royauté. — De la centralisation féodale. — Le grand conseil des barons. Sa composition; ses diverses formes. — De l'état des Anglo-Saxons après la conquête. Des cours de comté. Des bourgs. — Des attributions de la royauté féodale. — Tendance politique de la féodalité. Son droit écrit ou les *chartes*. — Lutte des barons contre la royauté. — Jean-sans-Terre. Son caractère; sa tyrannie.— Conjuration du primat Langton. — Analyse de la *magna Charta*. Ses garanties. — Rétractations et vengeances de Jean. Sa mort.

Après avoir tracé rapidement les différences principales qui existaient entre la féodalité française et la féodalité anglaise, et par conséquent entre les deux aristocraties, je me trouve conduit aux premières époques d'où date la liberté parlementaire. Et pourtant encore ici je serais obligé de remonter dans le passé, car ces époques ont des antécédens, comme tout en a dans l'histoire. Aucune révolution n'appartient absolument au temps où elle s'est opérée; tous les pouvoirs, toutes les libertés, toutes les existences sociales ont leur généalogie qui se perd dans l'origine des sociétés. Pour savoir quel effet a eu la conquête des Normands sur la liberté anglaise, il faudrait donc examiner le gouvernement des Anglo-Saxons, l'état des personnes, thanes, keorles et serfs, à quelle période de la féodalité l'Angleterre était arrivée. Mais où cela ne nous conduirait-il pas ? Je ferai en sorte d'épargner sur cette matière aride des dissertations dont il serait difficile de sauver l'ennui; et je me contenterai d'indiquer, pour laisser déduire.

D'abord la féodalité existait-elle avant la conquête ? On croit trouver une sorte d'hiérarchie qui s'introduisait dans les personnes; mais est-ce là la féodalité? Pour rendre cette question plus facile à résoudre, je résume ainsi en deux mots ce qui me semble s'être passé en France à cet égard. Je vois dans l'établissement de la féodalité trois périodes distinctes : 1º La seigneurie; l'asservissement des colons, le droit de justice et d'amendes datent de là ; 2º les bénéfices militaires donnés par Charles-Martel; la fidélité, le service datent de là; 3º l'inféodation des offices; le gouvernement féodal, la hiérarchie datent de là. La combinaison de ces trois systèmes consomma tout. Les Saxons n'en étaient encore qu'à la seigneurie; mais chez eux la féodalité suivait la même marche que sur le continent. La conquête brusqua cette marche en franchissant les intermédiaires ; et la féodalité, mieux organisée, fit le bien contre la royauté, tandis qu'en France la royauté, plus populaire, fit le bien contre la féodalité.

Des vestiges de la liberté germaine subsistaient chez les Saxons, comme sous notre première race. On connaît leurs dixaines, leurs *hundreds*, leurs comtés, leur police de famille et d'association toute patriarcale, attribuée à l'étonnant Alfred. Chez eux aussi l'élection prévalait, et quoiqu'on voie Alfred remplacer lui-même tous les shériffs ignorans, les lois d'Édouard prouvent qu'ils étaient choisis par la cour du comté. Dans ces temps la royauté n'était pas jalouse de nommer les magistrats; des rois qui vivaient de leurs domaines, et qui n'avaient pas d'impôts, ne songeaient point à faire pénétrer partout leur influence. Les seigneurs, les prélats, les sages formaient

le grand conseil qui partageait confusé-
ment avec le roi le pouvoir législatif.

Quels étaient ces sages ou *witten*? Ici
se divisent déjà les savans Torys et les
savans Whigs, dont les uns, comme on
sait, ont voulu tout expliquer dans l'intérêt de la couronne et de l'aristocratie,
et les autres n'ont voulu voir dans l'histoire que des précédens favorables à la
cause populaire : défectueuse méthode
d'argumentation politique que nous avons
aussi quelquefois mal à propos, comme
si ce qui est injuste ou contraire aux intérêts actuels pouvait se légitimer par des
exemples, et comme si ce qui est juste,
et conforme aux intérêts et à l'état actuel de la société, avait besoin d'être
appuyé par d'obscurs antécédens ! Les
Torys ont donc pensé que ces sages
étaient des hommes de loi ou des clercs,
dont les faibles lumières étaient utiles

aux délibérations des seigneurs; les Whigs ont cru que c'étaient les représentans des bourgs, et ont voulu faire remonter là l'origine de la chambre basse. Il est inutile de prouver que la seconde opinion n'a aucun fondement; les Whigs se servaient là d'un mauvais moyen pour défendre de bons principes.

La conquête survint. Mais ici combien de questions se présentent ! Cette conquête est-elle l'origine de la liberté anglaise ? ou seulement, fut-elle une utile transition pour la préparer ? A quel point, et comment se fit la fusion des deux peuples ? Quand se montra d'abord la résistance commune des Saxons et des Normands ? Qu'étaient les grands conseils féodaux, les cours de comtés féodales ? quel était l'état des bourgs et du peuple ? L'espace me manque pour discuter ces divers points, et beaucoup d'autres qui s'y rattachent. Rapprochons seulement les principaux faits.

Nous avons vu que le pouvoir royal était riche, fort, et encore plus violent que fort sous les premiers Normands. Il essuya d'abord deux résistances diverses: 1° Celle des indigènes, qui était dirigée moins contre le chef que contre les conquérans : il la comprima avec l'aide de ceux-ci, et avec la promesse de remettre en vigueur les lois saxonnes ; mais rien ne nous apprend à quel point cette promesse fut tenue. 2° La résistance des conquérans eux-mêmes ; le pouvoir royal lutta contre elle, en s'alliant aux indigènes qu'il favorisa par quelques légères concessions, et en donnant des chartes aux barons. Une troisième résistance qu'éprouva encore le pouvoir royal, fut celle du clergé, qui, soutenu par les papes, s'opiniâtrait à être hors de l'État et au-dessus de l'État; les rois finirent par mettre le clergé dans l'État, après une longue et terrible lutte. Occupons-nous surtout des deux premières, et avant de voir comment elles s'exercèrent, sachons comment elles étaient organisées.

On doit poser, en principe général, qu'aucun pouvoir, aucun corps de la société n'agit spontanément que dans son intérêt particulier. Ce principe, qui, j'aime à le croire pour l'honneur de l'humanité, doit souffrir des exceptions dans un siècle de lumières et de civilisation, peut s'appliquer très-rigoureusement aux temps de la barbarie et surtout de la féodalité. Ainsi, pourquoi les rois rassemblaient-ils le conseil des barons avec assez de régularité? C'est sans doute parce qu'ils y avaient quelque intérêt, ou qu'ils ne pouvaient s'en dispenser. J'ai déjà indiqué trois principales sortes de centralisation; la centralisation royale

ou administrative, la centralisation électorale ou représentative, enfin, la centralisation féodale, qui est à la fois civile
et militaire : celle du pouvoir judiciaire y
est attachée. Alors qu'il n'en existait aucune dans la France démembrée par la
féodalité provinciale, l'Angleterre avait
au moins la centralisation inséparable de
la féodalité monarchique. Pour que le
pouvoir royal puisse s'exercer sur tout le
pays, et exploiter ses ressources, il lui
faut une centralisation quelconque, et il
se sert de celle qu'il trouve. Comment
gouverner des hommes qui sont chacun
un centre de pouvoir dans les localités, sans les rassembler souvent ? Comment espérer de leur faire observer des
lois qu'ils n'auront pas acceptées ? Lors
même que les formes anciennes n'eussent pas indiqué la réunion des grands
terriens, principaux maîtres du pays,
comme devant participer à la puissance

législative, il aurait toujours fallu les y appeler.

La présence des vassaux immédiats à la cour du souverain, à certaines époques de l'année, et dans certaines occasions, était une des obligations qui faisaient partie du service personnel qu'ils lui devaient. Mais elle exigeait des dépenses considérables; car le faste de la représentation était pour beaucoup dans ces solennités où la couronne étalait son éclat pour imposer aux barons, où les barons rivalisaient entre eux de luxe et de magnificence. Ce droit de séance à la cour ou au conseil commun était donc une charge dont on cherchait souvent à s'exempter, et il fallait contraindre par des amendes les barons à s'y soumettre. D'un autre côté, leurs contestations étant jugées par leurs pairs, ils avaient pourtant quelque intérêt à se rassembler pour obtenir des décisions; mais ils aimaient beaucoup mieux tenir chez eux-mêmes leur cour de baronie, où chacun se donnait le plaisir de faire le petit roi devant ses propres vassaux. Cette manie de représentation, et ce beau zèle de juridiction qu'on rendait du reste très-lucratif, par les frais de justice et les amendes, fut poussé à tel point, que les rois parvinrent à défendre aux barons, par une loi, de tenir leur cour trop souvent.

Qui avait droit de siéger au grand conseil? Tous ceux qui tenaient immédiatement du roi un fief quelconque; ce qui était conforme au principe des cours féodales. Ainsi, non-seulement les barons, mais encore ceux qui tenaient du roi un simple fief de chevalerie, y étaient admis; mais on sent bien que ce n'étaient pas ceux-ci qui y avaient le plus d'influence. Les Whigs et les Torys se partagent encore au sujet de ces grands conseils. Les premiers les classent tous dans une seule espèce, veulent qu'ils se réunissent de droit et régulièrement trois fois l'an, leur attribuent la puissance législative, et y font entrer de tout temps les députés des bourgs (1). Les seconds, au contraire, attachent trop peu d'importance à ces conseils qu'ils distinguent en plusieurs sortes, et qu'ils regardent pour la plupart du temps comme des assemblées d'apparat convoquées suivant le bon plaisir des rois. Il suffit de lire l'histoire pour y apercevoir des assemblées des barons, dont l'objet était le

(1) Les Whigs se sont étayés du mot *populus*, qu'on trouve dans les chroniques à propos du *concilium commune*, ou *curia regis*, ou *curia de more :* mais Brady, dans son traité des bourgs d'Angleterre, prouve bien qu'on distinguait par là les laïques par opposition au mot *clerus*, les ecclésiastiques. *Communitas* signifie la totalité des barons. Cela est évident pour quiconque est familiarisé avec la latinité de ces temps.

cérémonial, d'autres dont l'objet était la juridiction, et d'autres qui étaient appelées à connaître des intérêts politiques, et même des affaires privées de la famille royale.

Le *Domesdaybook*, registre d'un cadastre féodal levé par l'ordre du conquérant, porte que les tenures militaires et immédiates de la couronne montaient à près de sept cents; mais il n'y avait pas ce nombre de membres dans le grand conseil; car beaucoup de vassaux immédiats, simples chevaliers, ne pouvaient subvenir aux dépenses de la séance au grand conseil. Les membres ordinaires et convoqués en personne étaient donc les hauts barons, et leur nombre paraît avoir été de deux à trois cents. Excellente combinaison! Plus nombreux, les barons eussent été trop faibles; moins nombreux, ils eussent été trop forts. Voilà donc pour l'organisation de la résistance aristocratique ou normande. Maintenant voyons celle de la résistance populaire ou saxonne.

Ici l'obscurité et l'incertitude augmentent en raison de la pénurie de documens. Tous les *koerles* (ou ceorls), fermiers, artisans ou marchands saxons, tous les *husbandmen* ou laboureurs, furent-ils réduits par la conquête à la servitude féodale ? Non, diront les uns, car le conquérant, déjà uni par le sang à la dynastie saxonne, se fit offrir la couronne avec quelque apparence de liberté, et jura de régner sur les deux peuples sans préférences. Oui, diront les autres qui apprécient à leur valeur ces promesses de couronnement, ainsi que les inductions qu'on a voulu tirer du rétablissement de quelques lois d'Édouard le Confesseur; et ils s'appuyeront de tout ce qui donne lieu de croire qu'après ou même avant la conquête, la classe des hommes libres

avait, comme chez nous, au dixième siècle, entièrement disparu. En effet, les
mots *homo ingenuus* ou *liber* doivent
toujours se traduire par gentilhomme,
homme ayant fief.

Quelles étaient ces cours de comté
qu'on nous représente comme un reste de
l'ancien régime démocratique des Saxons?
Je penche beaucoup à n'y voir que des
cours de justice féodale, tenues par un
officier du roi : si, en effet, ceux qui
étaient obligés de s'y rendre, pour y
servir d'assesseurs aux shérifs, étaient
seulement les francs-fieffataires ou gen-
tilshommes du comté, lesquels jugaient
les contestations entre les vassaux de plusieurs baronies, cela ne ressemble guère
aux anciennes assemblées d'hommes libres, qui réglaient les intérêts locaux et
formaient une sorte de conseil provin-
cial, tel que sont aujourd'hui les assises
de comté en Angleterre. Les *socmen*, es-

pèce de fermiers royaux qui avaient en tenure libre des terres du roi moyennant une rente, et auxquels on rattache l'origine des francs-tenanciers, peuvent-ils être considérés comme représentant toute la classe des anciens hommes libres? Je ne le pense pas non plus. Enfin, rien ne nous prouve qu'il existât des communes semblables à celles de France au commencement du douzième siècle. Les villes ou plutôt les bourgs (car le *Domesday-book* nous apprend combien elles renfermaient peu de maisons) étaient dans la plus affreuse misère, quoiqu'une grande partie fût du domaine de la couronne. Mais les rois pillaient presque autant que les barons. Le nombre des taxes de toute espèce pour les ponts, les chemins, les marchés, les arrivages maritimes, est effrayant. Les artisans et les marchands étaient donc de véritables serfs, taillables à merci. A l'époque où il affectait de la douceur, Guillaume le Conquérant accorda à la ville de Londres une charte où il promettait que les habitans ne seraient pas réduits en servitude, et qu'il les protégerait. Cela prouve au moins que les autres villes y furent réduites. Il ne faut pas se méprendre sur le sens des mots du vocabulaire féodal : *protection* signifie qu'on lèvera des taxes et qu'on vendra la justice ; *franchise* veut dire seulement qu'on s'interdit certaines vexations moyennant une redevance.

Henri II, premier des Plantagenets, accorda quelques chartes d'incorporation ou de communes, sans doute à l'exemple de celles que l'on accordait en France, où lui-même, comme époux d'Éléonore d'Aquitaine, en signa une aux habitans de La Rochelle, autant qu'il me souvient de l'avoir lu quelque part. Mais en Angleterre les causes n'étant pas les mêmes, les effets devaient être différens. L'industrie y était plus arriérée, la richesse et les lumières moindres, le pouvoir royal dans une autre situation. Il faut seulement faire une exception pour Londres et les villes qu'on nommait les cinq ports (1). Au douzième siècle, elles avaient acquis déjà par leurs richesses une existence politique; leurs bourgeois étaient considérés presque comme francs tenanciers, sans doute conformément à cette sage loi d'un roi saxon qui plaçait au rang des thanes les marchands qui -avaient fait trois voyages d'outre-mer; -enfin ils jouissaient de quelques libertés qu'ils étaient devenus habiles à défendre. Il ne résulte pas moins de ce qui précède, que la résistance populaire manquait d'organisation, de lien commun; elle ne pouvait être que tumultuaire, et par là même facilement comprimée. Il n'en fut

(1) C'étaient Sandwich, Hastings, Romeney, Hytte et Douvres.

pas ainsi de la résistance aristocratique, qui servit de rempart et prépara les voies à celle du peuple. Nous allons voir comment elle triompha. Mais encore, il faut examiner auparavant ce qu'était le pouvoir royal.

En parlant de la centralisation féodale, j'ai dit que celle du pouvoir judiciaire y était attachée; la couronne avait par là une plus grande influence. Le principe féodal, que toute justice émane du seigneur, recevait déjà son application du temps du Conquérant; il alla toujours se fortifiant. Les barons jugeaient leurs vassaux, mais le roi jugeait les barons; il y a plus, Guillaume avait attiré à sa cour les appels de celles des barons, prérogative qui ne fut obtenue par les rois de France que deux cents ans plus tard, alors que Louis IX, par la centralisation judiciaire, prépara la centralisation électorale de Philippe le Bel. De là naquirent, ainsi que nos cas royaux, les formalités de la chicane, qui, rebutant l'ignorance des seigneurs, et n'étant accessibles qu'aux gens du roi, clercs et avocats, favorisaient l'agrandissement de la juridiction royale. La cour de l'échiquier, d'abord simplement investie du contentieux des domaines et du fisc, composée de quelques barons du conseil privé, remplaça peu à peu la cour des barons. Enfin sous Henri II, qui porta la royauté féodale au plus haut degré de puissance, des juges ambulans (*itinerant justices*) envoyés par le roi, allèrent tenir leurs cours dans les comtés, où ils jugeaient en dernier ressort. C'était encore une manière de favoriser les appels; de peur de lasser les plaideurs par l'éloignement, la justice se rendait à leur porte. Mais elle leur faisait bien payer cela. Dans les temps d'oppression et d'anarchie, la justice est pour la force et pour le pouvoir un moyen excellent de s'enrichir. La féodalité vendait la justice, comme le clergé vendait le paradis; l'un et l'autre vendaient l'absolution des crimes, ou les punissaient par des amendes. Dans l'état de liberté et de civilisation, l'autorité dit aux peuples : Il m'en coûte tant pour gérer vos affaires ; il est de votre intérêt de me donner une somme égale, si vous voulez qu'elles soient bien gérées. Sous l'empire du bon plaisir et du droit divin, le despotisme dit aux peuples : Je veux dépenser tant pour entretenir ma splendeur, donnez-le-moi sur-le-champ, ou sinon je vous le prendrai de force. Sous le règne de la féodalité, le pouvoir central dit aux peuples : Vous vous déchirez comme des bêtes féroces, vous demandez un arbitre et un protecteur : me voici. Je vous jugerai; mais il vous en coûtera quelque chose. Vous, barons, qui tenez de moi tous vos fiefs, dont la possession doit être nécessairement un peu précaire, en raison de leur origine, dans tous les cas de félonie (et ils sont nombreux) je les confisquerai : ils rentreront dans le domaine de la couronne. Quand vous laisserez des enfans mineurs, je ferai percevoir les revenus par un de mes favoris, parce que vous tenez les fiefs à charge de service, et qu'un mineur ne peut le remplir. Par la même raison, je marierai vos pupilles à qui il me plaira. Vous vous plaignez des lenteurs de la procédure : achetez de ma chancellerie des écrits qui vous exempteront de passer par les degrés de juridiction subalterne. Habitans des villes et bourgs, vous vous plaignez d'être pillés par les barons, ou par les voleurs; vos chemins non-seulement ne sont pas sûrs, mais encore sont détestables; mes shérifs et mes baillis vous jugent iniquement; j'ai le droit d'altérer vos monnaies. On peut remédier à tout cela, mais il faut donner de l'argent. Il en coûtera tant pour un bourg, tant pour un comté, qui voudront être traités équitablement; il en coûtera tant à une ville qui voudra affermer un péage sans craindre d'être troublée dans sa perception; tant à un marchand qui voudra se livrer avec sécurité à son négoce. Moyennant une taxe générale, je m'engage à mettre très-peu d'alliage dans les espèces. Et ce n'est pas tout : il faudra acheter tous les ans la confirmation de mes promesses; car, au milieu de l'entraînement général, je pourrais fort bien ne pas résister à la tentation de les violer.

Eh bien! ajoutez à cela une foule d'autres taxes, et des aides exigibles dans certains cas; vous vous ferez une idée de la richesse des rois d'Angleterre, dont le domaine, en outre, était immense et inaliénable. Cependant ce pouvoir royal si fort était souvent obligé d'être violent, parce qu'il était contesté; ses attributions se confondaient dans certains cas avec celles du grand conseil; jusqu'à Henri II, rien ne fut bien détaché. C'était la conséquence inévitable du régime féodal, qui créait des forces diverses, mais qui les définissait mal; qui établissait une hiérarchie, et qui n'organisait pas assez la subordination; qui autorisait la résistance, mais qui n'en constituait pas l'exercice. En donnant au suzerain l'investiture du fief du vassal, la féodalité plaçait en quelque sorte celui-ci, corps et biens, dans la dépendance du supérieur. En donnant au vassal l'habitude de la résistance armée, et en plaçant un pouvoir dans la prestation même de chacun de ses services, la féodalité le faisait presque l'égal du suzerain. Si d'un côté le suzerain commandait le vassal, de l'autre le vassal était le pair du suzerain

10.

en siégeant à sa cour, et avait le contrôle immédiat de ses actions. La féodalité valait mieux que le despotisme, en ce qu'elle rangeait tous les hommes, depuis le roi jusqu'au serf, sur une échelle où chaque degré n'avait de rapport qu'avec le degré voisin dont il était à peu près l'égal ; de sorte que les coups de l'op-pression, venant de plus près, rencon-traient plus de résistance que lorsqu'ils tombent directement du trône sur la multitude des sujets. La féodalité valait moins que le despotisme, en ce qu'elle faisait sentir à l'inférieur, par le voisi-nage continu du supérieur, une oppres-sion de tous les momens, beaucoup plus gênante que l'oppression qui vient de loin, et qui pèse à peu près également sur tous. Enfin la loi féodale n'avait bien or-ganisé que la guerre ; elle paraissait n'a-voir pas songé à la paix ; et cependant il fallait que les droits divers fussent définis, que la subordination fût organisée, que les devoirs fussent réglés, que la situation des différentes classes de la population fût reconnue. Tels furent les motifs pour lesquels l'aristocratie demanda, et la royauté consentit ou se laissa arracher des chartes : c'est là proprement le droit écrit de la féodalité. J'ai fini pour les vues générales; maintenant je vais me livrer au récit des faits.

La première charte fut donnée par Guillaume le Conquérant, non pas à l'aristocratie, mais au peuple anglais, dont l'existence politique était sans doute déterminée par le fait même de la conquête et de l'établissement féodal, mais qui demandait à être jugé d'après les anciennes lois saxonnes. Les trois successeurs du conquérant arrivèrent au trône un peu irrégulièrement, et durent faire des concessions pour faire oublier leur usurpation. Henri Ier donna une charte qui promettait beaucoup aux seigneurs et même au peuple; mais il la viola souvent, quoiqu'un jour, lorsque la couronne lui était contestée, il eût juré solennellement d'en maintenir les clauses, d'écouter les conseils et de gouverner justement. Mais la mémoire de ces sortes de promesses survit rarement au danger. L'usurpateur Etienne donna deux chartes; dans l'une, il confirma celle de Henri Ier. Henri II en fit autant; mais ses promesses n'eurent pas plus d'effet que celles de ses prédécesseurs. En s'assurant les moyens de tenir sur pied des corps armés d'étrangers, par l'impôt nommé *scutage* ou *escuage*, substitué au service personnel des vassaux, Henri II donna à la royauté une force qu'elle n'avait pas eue jusque là, mais qui la dénaturait. En effet, ce n'était plus la royauté féodale. Les barons s'en aperçurent facilement. Ils virent qu'ils n'avaient plus un suzerain, mais un maître. Ils sentirent que les chartes devenaient plus illusoires que jamais, s'ils ne parvenaient à en garantir l'exécution par le déploiement de la force. Expulser les soldats étrangers, prescrire et diriger eux-mêmes des mesures protectrices des libertés féodales, tel fut l'objet de leurs efforts.

Les désordres d'une régence orageuse, l'absence de Richard-Cœur-de-Lion, roi paladin qui dépensait au loin dans des guerres aventureuses et sans but, l'argent et le sang des Anglais, furent pour les barons l'occasion de se rassembler, et de se communiquer l'électricité du mécontentement? Ils purent compter leurs forces, en s'exposant leurs griefs. Au règne concussionnaire de Richard succéda le règne spoliateur de Jean-sans-Terre, qui se rendit plus odieux étant roi qu'il ne s'était montré vil étant prince. Le romancier historien nous fait voir quelque part, revêtue de toute la couleur qui appartient à son vigoureux pinceau, cette singulière figure où sont tant de traits ignobles, et dont l'ensemble excite de la curiosité. Dans l'histoire, nous voyons un méchant homme, qui fut d'autant plus méchant roi; jaloux d'une autorité qu'il ne savait pas exercer; audacieux quand l'audace était inutile, lâche quand le courage était nécessaire; fort pour faire le mal, impuissant pour faire le bien. Jean était turbulent quand il n'avait rien à craindre, apathique dans le danger, insolent jusqu'à la démence quand il triomphait; quand il succombait, il paraissait abattu jusqu'à la bassesse. En pillant ses sujets, il se fit détester sans s'enrichir; en commettant des crimes, il excita l'horreur sans agrandir son pouvoir. Il n'eut parmi ses défauts aucun de ceux qui font réussir. à quelque chose. Son hypocrisie fut aussi maladroite que sa présomption, sa fourberie aussi malheureuse que son imprudence.

C'est principalement quand la royauté a été avilie par des caractères de cette espèce, et quand le prestige est détruit, que la déférence et la soumission des peuples font place à l'impatience du joug. Le grotesque Jacques Ier contribua, en quelque chose, à la révolution de 1640. Le mépris que Jean avait attiré sur sa personne rejaillissait sur sa couronne; ses familiarités ne l'avaient pas plus rendu populaire que ses hauteurs ne l'avaient rendu imposant. Vaincu sans cesse dans la lutte qu'il entreprit en France contre Philippe-Auguste, humilié par l'issue de celle qu'il soutint avec opiniâtreté contre les moines, et surtout contre Innocent III, il subit la terrible excommunication, arme puissante de Rome pontificale. Son royaume fut mis en interdit, sa couronne offerte à Philippe, qui se prépara à venir la prendre; épouvanté, il céda, et se fit vassal du pape, qui devint alors son allié.

Mais de telles circonstances étaient favorables aux mécontens. Des sujets qui avaient été déliés canoniquement de leur fidélité, devaient être faciles à soulever. Les barons attirèrent à leur parti le clergé, qui, depuis la querelle des investitures, avait toujours fait cause à part avec le pouvoir laïque. La couronne, qui avait souvent profité de leur désunion, recevait un échec de leur accord. L'ambitieux et adroit primat Langton, naguère imposé au roi par le pape, fut d'abord le chef de la ligue. Dans une assemblée de barons convoquée à Londres en 1213, il montra une copie authentique ou fabriquée de la charte de Henri Ier, qui fut vivement approuvée. L'année suivante, il enchaîna les conjurés par les liens d'un serment qu'il fit prêter sur l'autel. En 1215, ils se rendent à Londres armés, et demandent au roi la charte de Henri, avec les lois de saint Edouard, ce qui prouve qu'ils s'étaient unis au peuple, ou qu'ils voulaient le mettre dans leur intérêt. Après un délai pendant lequel Jean essaya de les diviser, caressa en vain le clergé, implora l'appui du pape, et fit vœu de partir pour la croisade, les barons, ayant réuni deux mille hommes d'armes qui avaient sans doute leurs vassaux, réitérèrent leur demande. « Les traîtres ! s'écria Jean, à qui l'on transmit leurs prétentions, pourquoi ne me demandent-ils pas mon royaume ? qu'ils n'attendent pas de moi des libertés qui me réduiraient en servitude. »

Aussitôt les barons abjurent leur serment de fidélité, nomment l'un d'eux leur général, sous le titre de *maréchal de l'armée de Dieu et de la sainte Église*, et marchent sur Londres. Malgré les lettres du pape, qui condamnait la révolte, ils en viennent aux prises avec le parti du roi. Celui-ci quitte la capitale, dont les habitans ouvrent leurs portes aux insurgés : la médiation du pape est rejetée; une conférence est indiquée dans la plaine de Runningmead près Windsor, et là, les deux armées étant campées en face l'une de l'autre, Jean adopte, non sans résistance, les articles préliminaires. Cinq jours après, le 19 juin 1215, il accorde et signe la totalité de l'acte qu'avaient rédigé les barons, et qui a reçu le nom de *Magna Charta.*

Cet acte, qui est sans contredit le plus remarquable monument de ce genre que nous ait laissé la féodalité, mériterait un examen détaillé ; mais je serais encore très-long si je me bornais à rappeler tous les commentaires, toutes les discussions auxquelles il a donné lieu chez les jurisconsultes anglais seulement. Cependant, je vais tâcher d'en faire connaître les principales dispositions le plus succinctement que je pourrai. La reconnaissance des intérêts qu'on appelait les droits du clergé, la correction des abus qui avaient lieu dans les forêts, ne doivent pas nous arrêter. Les exactions féodales de la couronne sur les successions, les mariages, les tutelles des vassaux, sont réprimées. Les gens du roi ne pourront plus user du droit de *purveyance*, qui consistait à piller les bourgs et châteaux par où ils passaient. La réparation des injustices antérieures est promise, la mesure des corvées est déterminée; une foule de vexations, saisies, amendes, confiscations de tout genre, qui prouvent quel désordre on voulait réparer, sont interdites; et les mêmes obligations auxquelles le roi est soumis envers ses vassaux, sont prescrites à ceux-ci envers leurs vassaux. Voilà pour ce qui concerne plus spécialement le régime féodal. La justice tient ensuite la plus grande place dans cet acte, le plus circonstancié qu'on eût rédigé jusqu'alors. La cour des plaids communs ne devait plus suivre la cour du roi, mais se tenir dans un lieu déterminé. Deux juges devaient aller quatre fois l'an dans chaque comté, tenir les assises, conjointement avec quatre chevaliers choisis par le comté. Le roi s'engageait à ne plus vendre, dénier ou retarder pour personne le droit et la justice. Un article fameux porte qu'aucun homme libre ne serait arrêté, ni emprisonné, ni dépossédé de ses biens ou libertés, ni mis à mort, ni exilé, que par le jugement légal de ses pairs, et selon les lois du pays.

Ce qui concerne la levée des taxes et impôts n'est pas réglé avec moins de soin. Aucuns scutages ni aides ne seront levés sans le consentement du grand conseil des vassaux de la couronne, hormis dans les trois cas qui étaient observés comme le droit commun de la loi féodale, et qui s'appliquaient au roi comme aux autres seigneurs; savoir, lorsqu'il s'agissait de sa rançon, ou de faire son fils aîné chevalier, ou de marier sa fille aînée. Le mode de la convocation est réglé; reste maintenant ce qui touche aux intérêts et à l'existence de la masse de la nation: on trouve dans la grande Charte peu de chose là-dessus, mais beaucoup pour ce temps. Des dispositions tutélaires sont consacrées aux tenanciers libres, aux bourgeois, aux marchands. Les intérêts du négoce ne sont point oubliés. L'uniformité des poids et mesures dans tout le royaume est prescrite. Tous les marchands ont la liberté d'y venir, d'y circuler, d'en sortir sans subir d'exactions. Londres, les villes, bourgs et ports, conservent leurs anciennes coutumes et libertés : on ne leur imposera aucune taxe sans l'aveu du grand conseil. Enfin, un article est réservé aux malheureux vilains, la classe la plus nombreuse du peuple : ils ne seront plus mis à l'amende au point d'être dépouillés de leurs instrumens de labourage. Les dispositions de ce genre étaient sans doute tirées des lois saxonnes.

Cette courte analyse suffit pour montrer que la grande Charte n'est point, à proprement parler, la base de la constitution actuelle de l'Angleterre. Elle n'est réellement qu'un acte réglémentaire du régime féodal, avec la reconnaissance imparfaite des intérêts sociaux qui existaient lorsqu'il fut passé. On sent bien que l'état social actuel n'a rien de commun avec celui-là, et qu'aujourd'hui la législation politique et civile doit avoir une base plus large. Il n'en est pas moins

vrai que la *magna Charta* a été l'utile
transition de la féodalité pure au régime
parlementaire. Elle a donné aux violences
de la couronne le caractère d'atteinte à
la sécurité de tous, tandis qu'auparavant
elles ne semblaient attenter qu'à ceux
qui les subissaient. Elle a été, autant qu'il
était possible alors, une stipulation générale. Elle a séparé, défini les droits
existans; elle a organisé la résistance
commune de l'aristocratie et du peuple
contre la couronne; elle a servi pendant
long-temps de ralliement, de bannière,
d'objet de réclamation à la persévérance
des Anglais; elle a en quelque sorte dé-
veloppé dans la féodalité toutes les se-
mences de liberté qu'elle renfermait;
elle l'a fécondée pour produire le gouvernement représentatif.

Mais ce n'est pas tout d'avoir une
charte; il faut encore assurer son exécution et son maintien, et c'est là pré-

cisément le plus difficile. Si l'on doit présumer qu'un roi est d'autant plus disposé à rester fidèle à sa concession, qu'il l'a faite avec plus de facilité, il ne faut pas s'étonner que Jean-sans-Terre montrât peu de zèle à observer la sienne: au moins il avait fait preuve d'une opiniâtre et longue résistance; il n'avait cédé qu'à la dernière extrémité. Les barons, qui devaient juger par là quel fond ils pouvaient faire sur son engagement, avaient songé à se procurer des garanties physiques qui sont indispensables en pareil cas. Par un dernier article ils s'étaient réservé de nommer vingt-cinq d'entre eux comme surveillans de la Charte, et conservateurs des libertés, avec pouvoir sans bornes. Ceux-ci étaient tenus de dénoncer toute infraction au roi, qui devait la réprimer ou la réparer dans les quarante jours, à peine d'être poursuivi par la voie des armes et dépouillé de ses domaines, sauf l'inviolabilité de sa personne et de sa famille. On sent que c'était là tout simplement balancer les abus du pouvoir par l'insurrection. Outre cela, en vertu d'une stipulation particulière, la cité de Londres fut remise, pendant deux mois, entre les mains des barons, et le primat fut investi de la garde de la tour. Tous les teneurs de fiefs furent obligés, sous peine de confiscation, de prêter serment aux vingt-cinq barons, et furent autorisés à choisir dans chaque comté douze chevaliers pour s'enquérir et faire leur rapport sur les abus. Ceci surtout doit être remarqué; car on y trouve les premières traces de la participation, par voie électorale, des vassaux inférieurs à l'exercice du pouvoir politique. C'est, comme nous le verrons plus tard, par où a commencé la chambre des communes.

Cependant le roi Jean usa d'abord de

dissimulation, ou parut n'avoir qu'une volonté passive. Il écrivit aux shérifs de contraindre tous ses sujets à prêter serment d'obéissance aux conservateurs. Il congédia toutes ses troupes étrangères, annonça qu'il régnerait conformément à la charte, et qu'il protégerait les libertés publiques. Mais bientôt il devint silencieux et réservé; il évita l'approche des barons du conseil; puis, impatient du joug, il ne contraignit plus sa colère, et s'emporta en cris et en menaces. Oubliant les torts du pape et du roi de France, il envoya chez eux ses agens, et se retira plein de ressentimens dans l'île de Wight. Là il prépara sa vengeance à son aise, ne laissant assurément pas en doute s'il jouissait de sa pleine liberté. Le pape, qui était la haute puissance européenne de ces siècles, témoigna un violent mécontentement contre les barons, assez rebelles pour avoir limité l'autorité d'un roi qui s'était placé sous sa protection. Il publia, au lieu de manifeste, une bulle par laquelle il annulait la charte, comme injuste, extorquée par la force, et attentatoire à la dignité non-seulement de la royauté, mais du saint Siége, qui était alors l'arbitre des rois. Il défendit aux barons et à Jean de l'observer, les releva tous de leurs sermens mutuels, et comme il ne pouvait appuyer ses ordres de la menace d'une armée, il les accompagna des foudres ordinaires de l'excommunication.

Les barons et le peuple furent peu intimidés par cette colère pontificale. Le temps de l'aveugle soumission au saint Siége était passé. Le primat lui - même refusa d'être l'interprète de la sentence. Il fut suspendu par le pape. Le clergé le soutint, et resta lié à la cause de la nation.

Mais une ressource plus puissante était préparée. Des Brabançons qui avaient été enrôlés vinrent inopinément seconder les projets du roi Jean. Celui-ci, qui avait tout rétracté, leva l'étendard de la guerre civile. Le pillage, l'incendie, les tortures le suivirent partout. Les prisonniers furent pendus sans pitié. Le pays fut livré à un affreux carnage; et la vengeance du roi se déploya tout entière. Mais c'est peu : l'invasion étrangère se joint à ces fléaux. Le prince Louis de France, appelé par quelques-uns des barons, pénètre dans le royaume sans l'aveu du pape. Ses progrès sont d'abord rapides; mais bientôt il excite la jalousie et le mécontentement des Anglais par des préférences pour ceux qui l'avaient suivi. L'esprit national se réveille : alors les Anglais des deux partis se réunissent contre l'étranger, et le prince Louis ne tarde pas à être chassé de l'Angleterre. La mort du roi Jean était survenue peu auparavant. Un historien a dit que ce méchant prince avait envoyé demander la protection du roi de Maroc, en lui offrant de se faire mahométan, s'il voulait le soutenir. Cette singulière assertion n'a pas paru tout-à-fait invraisemblable; car on peut croire à toutes les bassesses de ce genre, de la part d'un roi qui aimait mieux être esclave de l'étranger que de voir ses sujets libres.

Mais la lutte entre les barons et la royauté ne se termina pas là. Il faut s'attendre à de longues et sanglantes discordes, avant qu'un pouvoir consente et s'accoutume aux limites qui lui sont imposées.

ÉTUDE CINQUIÈME.

État de la nation anglaise et du pouvoir royal au treizième siècle. — De la classe moyenne. Des chevaliers du comté. — Règne et faiblesse de Henri III. — Simon de Montfort, comte de Leycester. — Ses commencemens, son caractère, ses projets. — Il forme une ligue des barons et des chevaliers. — Parlement d'Oxford; ses statuts. — Henri abjure les sermens qu'il leur a prêtés. Leycester lui résiste. — Médiation de Louis IX inutile. — Guerre civile, Bataille de Lews. Le roi et les princes prisonniers. — Gouvernement révolutionnaire. Admission des communes au parlement. — Renversement et mort de Leycester.

La grande Charte n'avait organisé qu'une résistance féodale, c'est-à-dire l'insurrection, moyen violent qui ne pouvait assurer un état durable. Il restait donc à organiser une résistance vraiment nationale. Les garanties qu'avait stipulées la grande Charte, telles que la remise de places fortes, ou de pouvoirs dictatoriaux entre les mains des barons, ne pouvaient être que temporaires. Il restait à trouver dans une institution politique des garanties plus stables, plus effectives. Ainsi laissons de côté la lutte qui, depuis la conquête jusqu'à la fin du treizième siècle, fut engagée entre l'aristocratie et la royauté pour obtenir, d'une part, des chartes ou des confirmations de chartes, de l'autre part pour les refuser, les modifier, les violer ou les rétracter. Cette longue histoire des chartes, qui semble finir à la dernière confirmation obtenue d'Edouard Ier, n'offre d'événement vraiment remarquable que la guerre des barons contre le roi Jean; et l'on ne peut nier que la grande Charte ne soit le plus important des actes de ce genre. Les autres guerres et les autres chartes ne sont que des répétitions affaiblies de celles-ci. Quand le roi avait besoin d'argent, ou quand il n'était pas le plus fort, les barons lui faisaient la loi, et il signait. Quand il avait de l'argent et qu'il se trouvait fort, il révoquait et annulait tout, en disant qu'il n'avait pas joui de sa liberté. Il importe donc davantage de rechercher quel concours d'événemens amena le premier essai de forme représentative que nous offre l'Europe féodale.

Ici se présenteraient de hautes questions de politique historique. Quand l'état social s'est modifié avec le temps, ne doit-il pas infailliblement se manifester par un changement dans l'état politique? Quand une nouvelle classe d'hommes s'est élevée dans la nation, soit par la force, soit par la richesse, soit par le savoir, et que les institutions anciennes ne lui assignent aucune place, ne doit-elle pas nécessairement se faire jour, et trouver dans de nouvelles institutions la place qui lui appartient? Est-il indispensable que des circonstances favorables se présentent pour que la révolution s'opère, ou bien la force des choses et l'urgence des besoins d'un état social réel, mais non encore reconnu, ne doivent-elles pas dominer les circonstances ou les faire éclore? S'il était vrai que la résistance et la révolte naissent toujours de l'excès de l'oppression, en faudrait-il inférer que les règnes tyranniques et odieux offrent plus de chances au succès d'une révolution que les règnes faibles et méprisés? N'aurait-on pas quelques raisons de croire que les gouvernemens vacillans et incertains, qui sont violens précisément parce qu'ils ne sont pas forts, qui frappent et qui cèdent tour-à-tour, qui hésitent lorsqu'ils attaquent, comme ils tremblent quand il se défendent, semblent plus particulièrement destinés à favoriser la naissance et l'accomplissement d'une révolution ? Quand le pouvoir central est éclairé, ne peut-il pas éviter les inconvéniens de la révolution, en l'accomplissant lui-même, en réglant sa marche, en définissant ses résultats ; ou, lorsqu'il est inhabile, ne se trouve-t-il pas toujours un homme pour exécuter cette œuvre de la nécessité ?

Ces diverses questions dont la réponse est placée dans leur enchaînement et dans la manière dont elles sont posées, se résoudraient encore mieux si elles étaient appliquées aux principales époques de l'histoire. L'exposition des faits dominans de l'époque où nous sommes arrivés pourra du moins leur donner une solution satisfaisante. Les temps ne se ressemblent pas, quant à l'état social ; mais quant aux événemens, ils ont souvent de l'analogie, car les hommes sont es mêmes, et leurs intérêts, leurs opinions, leurs passions ne diffèrent que parce qu'ils changent d'objet.

Exposons d'abord l'état de la nation anglaise et du pouvoir royal après la promulgation de la grande Charte. La classe populaire, au commencement du treizième siècle, semblait sortir de l'état misérable où l'avait placée le joug féodal. Les bourgs et les villes se peuplaient d'hommes à peu près libres; plus d'activité régnait dans les ports. La race des Anglo-Saxons était moins avilie; les alliances entre les Saxons des rangs supérieurs et les Normands des rangs subalternes avaient préparé la fusion des deux nations. De là était provenue une classe moyenne, classe indispensable pour l'établissement d'un état social modéré : en effet, nons ne voyons chez aucun peuple se manifester de progrès vers l'ordre, qu'au moment où une classe intermédiaire apparaît et prend de la consistance.

Il n'est pas facile de déterminer quels élémens ont concouru à la formation de cette classe moyenne d'Angleterre, qu'on nomme aujourd'hui la *gentry*. Les auteurs anglais sont loin de s'accorder assez sur ce point pour y jeter du jour. Cependant je vais rassembler les conjectures qui semblent les plus probables. J'ai déjà indiqué la distinction qui s'était introduite entre les hauts barons, ceux qui possédaient de grands fiefs ou une multitude de fiefs de chevalerie, et les autres vassaux directs du roi, simples chevaliers, *the lesser barons*, qui s'abstenaient de se rendre au grand conseil faute d'en pouvoir supporter les dépenses, et qui, aux termes de la grande Charte, n'étaient pas convoqués individuellement, mais en masse. Est-il présumable que ces vassaux royaux formassent seuls cette classe des chevaliers du comté, *Knights of the shire,* qui servaient d'assesseurs aux shérifs dans les assises ? J'ai peine à le croire, quoi qu'on puisse alléguer sur les résultats de la division des fiefs. Entrait-il, dans ces cours de comté, des vassaux des barons, ou arrière-vassaux ? On a des raisons de le penser, quoique ces cours, présidées par un officier du roi, relevassent de lui seul. Il faut enfin supposer que les *socmen,* ou d'autres hommes tenant librement des terres du roi, à charge de redevance et de service, avaient fini par se confondre avec ses vassaux chevaliers ; en effet, le service militaire que les rois, en temps de guerre, exigeaient fréquemment de leurs hommes, suffisait pour leur faciliter l'entrée dans l'ordre de chevalerie, à cette époque où la noblesse était beaucoup plus personnelle qu'on ne le pense communément, puisqu'elle n'était guère autre

chose que la profession militaire jointe à
une condition libre. De cette manière on
explique jusqu'à un certain point la formation d'une classe assez nombreuse et
assez forte pour que le pouvoir royal eût
intérêt à s'appuyer sur elle. Les cours
de comté les mettaient en rapport l'un
avec l'autre; la féodalité et la propriété
rattachaient les chevaliers et les francs-
tenanciers au pouvoir royal par des
liens plus directs. Ainsi, la royauté trouvait encore là un principe de force, un
moyen de centralisation, qu'elle mécon-
nut d'abord, qu'elle rechercha ensuite.

Dans la France de ce temps-là, il
n'existait point de classe semblable qui
pût offrir tour-à-tour un allié utile à la
royauté contre les grands, aux grands
contre la royauté. Quelle que fût la liberté dont jouissaient les bourgeois des
villes constituées en communes, ils ne
peuvent être comparés à ce corps des

chevaliers anglais (*communitas bache-
lariæ angliæ*). C'est encore une des différences d'état social, nées de la différence d'établissement féodal dans les deux
pays, et c'est une nouvelle cause d'an-
tériorité de la représentation des communes d'Angleterre sur nos états-généraux.

A diverses époques, les rois avaient
agrandi l'influence des chevaliers du
comté, ou plutôt y avaient eu recours,
en les appelant à intervenir dans les affaires locales, et par suite dans les délibérations générales. Deux hommes libres
par comté avaient été chargés par le conquérant de recueillir les anciennes lois
et coutumes. Jean avait fait convoquer
quatre chevaliers de chaque comté pour
se rendre avec ou sans armes à l'assemblée générale, et y conférer sur les intérêts de l'État. La grande charte en
avait commis douze pour rechercher les

abus. Sous Henri III, on les chargea de la répartition des taxes (1). Mais jusque là il n'y avait pas représentation, soit que le mandat fût purement local, soit qu'il n'y eût pas élection, mais simple désignation par les shérifs.

Quant au pouvoir royal, il était moins fort depuis qu'on lui avait arraché la grande Charte; car les barons s'étaient par là soustraits à son joug, et il ne songeait point encore assez à s'appuyer sur la classe moyenne. Il manquait donc de soutien. Il était moins riche qu'auparavant, car il ne pouvait plus, qu'à la dérobée ou momentanément, lever des taxes arbitraires, exactions et maltôtes.

(1) En 1244, Henri III enjoignit aux shérifs de faire élire deux chevaliers par chaque comté pour venir au nom de tous délibérer au parlement sur l'*aide* qu'il demandait. On ne sait si cet ordre fut exécuté : toujours est-il que l'aide fut accordée. Ce serait là le premier exemple de représentation.

Il était presque restreint au seul revenu de ses domaines. Les barons s'accoutumaient à lui résister et à lui fermer leur bourse; mais comme ils vexaient eux-mêmes leurs vassaux, le roi s'emparait souvent de ce prétexte pour violer aussi la charte. « Pourquoi observerais-je une charte que les seigneurs et les prélats n'observent pas? disait-il un jour. — C'est à vous à donner l'exemple, » lui répondit-on.

D'un autre côté, quand le roi demandait de l'argent aux barons, ceux-ci saisissaient cette occasion de demander de nouveaux droits. C'est ainsi qu'en 1224 ils allèrent jusqu'à proposer qu'on leur laissât la nomination du grand chancelier et du grand justicier, c'est-à-dire, des deux premiers ministres. Enfin, la couronne avait recours à tous les expédiens pour trouver de l'argent. Sans parler des extorsions dont les Juifs étaient victimes, on s'avisa, sous Henri III, de supposer un projet de croisade qu'on n'avait pas. Mais comme les décimes pour la croisade atteignaient aussi le clergé, celui-ci ne manqua pas de se récrier vivement.

On nous raconte à cette occasion une petite scène qui prouve que Henri III ne manquait pas de répartie. Les hauts prélats du royaume se plaignaient alors devant lui, de ce que les élections ecclésiastiques étaient forcées, et que les siéges étaient le prix de l'intrigue, et donnés aux créatures. « Cela est vrai, répondit Henri; j'ai quelque tort à cet égard. Je vous ai fait recevoir par force sur votre siége, seigneur évêque de Cantorbéry; j'ai employé les menaces pour vous faire élire, évêque de Winchester; en vous élevant à l'épiscopat, messeigneurs de Salisbury et de Carlisle, j'ai enfreint toutes les formes. Je suis déterminé désormais à ne plus tomber dans de semblables erreurs. Mais il convient aussi que, pour concourir de votre côté à la réforme nécessaire, vous commenciez par résigner vos évêchés, et que vous tâchiez d'y rentrer par des voies plus régulières et plus canoniques. » Ce sarcasme inattendu produisit un effet subit sur les saints prélats. Ils se hâtèrent de répliquer qu'il ne s'agissait pas de rectifier les erreurs passées, mais de les éviter à l'avenir. L'argument qu'employait le roi est de nature à imposer toujours silence à ceux qui se plaindraient des abus auxquels ils doivent leur élévation. Mais ce cas se présente rarement, et l'on n'a guère d'exemple que des gens illégalement élus se plaignent de l'illégalité des élections.

Quoi qu'il en soit, ce débat finit encore par une nouvelle confirmation de la grande Charte : ici, il faut donner une idée de la solennité religieuse qui accompagnait et consacrait ces confirmations. Tous les prélats et abbés arrivaient en procession, ayant chacun à la main une torche allumée ; lorsqu'ils étaient rassemblés, on lisait à haute voix la charte en leur présence. Après avoir porté excommunication contre quiconque l'enfreindrait, ils jetaient tous leurs torches à terre, suivant le rite ordinaire des anathèmes. Alors le son lugubre des cloches frappait les airs, et toutes les bouches prononçaient à la fois cette formule : *Puisse l'âme de tous ceux qui auront encouru cette sentence, répandre, comme ces torches qui s'éteignent, une odeur infecte dans les enfers !* Le roi prononçait le serment, et bientôt après lui ou ses favoris l'avaient violé. Si la menace de l'anathème s'accomplit, on peut juger quelle odeur l'âme de ce prince, et celles de quelques autres, doivent jeter dans les enfers.

Après avoir exposé les raisons pour lesquelles l'autorité royale était et devait être affaiblie, je dois dire qu'un homme prudent, habile et ferme, Pembrocke, lui avait rendu momentanément quelque vigueur. Ce seigneur, qui avait été le principal appui de la cause du roi Jean, avait été, pendant la minorité de son fils, maréchal du royaume et *Protecteur*, c'est-à-dire régent. Il avait rassemblé les débris du pouvoir sous sa main vigoureuse, rétabli un peu d'ordre, et comprimé les factions. Mais ceci est une preuve de plus que dans l'histoire comme nous la considérons ici, dans cet enchaînement de causes et d'effets généraux qui forme la destinée des peuples, un grand homme peut quelquefois compter pour peu de chose. Il passe sans laisser de traces, lorsqu'il n'a pas secondé un mouvement national.

Lorsque Pembrocke fut mort, l'indolence et la faiblesse de Henri III laissèrent voir l'autorité royale dans le triste état où elle était. Des intrigues firent et défirent des ministres; des favoris et des créatures envahirent les dignités. Le Poitevin Desroches remplit la cour de Poitevins. A la suite d'une jeune reine provençale vint une nuée de seigneurs du midi, avec l'avide et ardente activité qui est commune dans ce climat. Les Poitevins furent supplantés, et la cour se remplit de Provençaux. Les seigneurs anglais murmurèrent contre ces étrangers insatiables, qui opprimaient et qui pillaient sans ménagement, et qui portaient dans le mépris des lois une impudeur jusqu'alors sans exemple. Lorsqu'en 1254 la cour demanda un subside extraordinaire pour soutenir en Sicile une guerre

inutile et sans succès, les murmures re-
doublèrent. Le clergé lui-même refusa
également de satisfaire et les demandes
continuelles d'un roi prodigue et dissolu,
et l'impérieuse avidité du siége de Rome.
« Le pape et le roi sont plus puissans que
moi, dit un jour l'évêque de Londres à
un légat ; mais si l'on m'ôte ma mitre,
je prendrai un casque. » La résistance
armée était donc prête à se déployer
dans les deux ordres ; le mécontentement éclatait de toutes parts. Mais il avait
besoin de se rallier à un chef, pour devenir redoutable et efficace. Et c'est alors
qu'un homme s'est rencontré.

Cet homme était un Français : Simon
de Montfort, fils du fameux comte de ce
nom qui s'était signalé par des exploits
si sanglans dans la croisade contre les
Albigeois. Etabli depuis long-temps en
Angleterre, héritier, par sa mère, des
puissans domaines de la maison de Ley-

cester, il s'était fait Anglais pour mieux accomplir ses desseins ambitieux. Rappelé du gouvernement de la Guienne par le roi, dont il avait épousé la sœur, il revint à la cour plein de ressentimens qu'il laissa voir hautement. Un jour que Henri l'appela traître : « Vous en avez menti, lui dit-il, et si vous n'étiez pas roi, vous vous repentiriez à l'instant de cette insulte. » Un tel sujet devait mépriser le caractère versatile de son faible maître; mais il devait aussi songer à se venger d'un affront, lorsque la vengeance pouvait lui être utile. Le prix de ses services lui ayant été refusé, comme il s'y attendait, le comte de Leycester saisit ce prétexte et ne garda plus de mesure. Il fit paraître un zèle ardent pour les libertés publiques, déclama contre l'ambition des étrangers, quoiqu'il fût étranger lui-même, et dénonça leurs intrigues ainsi que leurs dilapidations. Son extérieur austère et imposant, son opposition aux Ultramontains, le masque de dévotion qu'il ne quittait jamais, lui concilièrent la confiance du clergé et une popularité immense. Sa bravoure et ses talens militaires s'étaient montrés avec éclat; la vigueur et la netteté de son esprit l'avaient fait distinguer dans les conseils; l'air d'héroïsme et d'enthousiasme qu'on remarquait en lui acheva d'en faire l'idole de la nation.

Habile dans l'art de rassembler un parti, d'exciter et d'alimenter ses passions, et de le conduire sans cesse au but où il tend, Simon de Leycester fut l'âme de la ligue des barons, et sut y rattacher le corps des chevaliers, comme au temps de la ligue contre le roi Jean. Mais il comprit qu'il ne s'agissait plus d'une signature de charte; il s'agissait de s'emparer du gouvernement pour mieux le limiter, et d'exercer le pouvoir pour constituer des garanties. La tentative faite par les barons de composer le conseil privé, avait échoué en 1244; mais dans les *parlemens* (ce mot commençait à être usité) de 1255, 1257, 1258, on insista plus fortement. De violens reproches furent adressés à Henri sur ses dépenses, ses fautes, ses entreprises sans but. Il promit la réforme de l'Etat pour avoir des subsides; mais on voulait mieux qu'une promesse. Un autre parlement fut ajourné à Oxford, en juin 1258. Le roi s'y rendit; les barons y étaient tous en armes, avec leurs vassaux, et il se trouva presque leur prisonnier. Ainsi qu'on l'avait fait sous le roi Jean, les barons choisirent douze d'entre eux; le conseil du roi en choisit douze autres avec pouvoirs illimités. Les vingt-quatre dictateurs, ayant à leur tête l'implacable Leycester, commencèrent par recomposer en entier le conseil du roi. La garde des forteresses leur fut remise. Ils chassèrent les intrigans méridionaux. Henri fut contraint de jurer qu'il maintiendrait tous les réglemens de réforme qu'il leur plairait de faire. Ils exigèrent de tous les seigneurs le serment de leur obéir, disaient-ils, pour la plus grande gloire de Dieu, pour l'honneur de l'Eglise, le service du roi et l'avantage du royaume. Enfin, ils firent prêter ce serment au frère du roi, Richard, qui portait le titre de roi des Romains, et au jeune prince Edouard, dont nous verrons bientôt s'annoncer le grand caractère.

Les vingt-quatre parurent d'abord ne songer qu'aux intérêts généraux. Leurs réglemens, connus sous le nom de Provisions ou Statuts d'Oxford, portaient, entre autres clauses, que quatre chevaliers seraient désignés par comté pour recueillir les griefs contre les officiers du roi et en rendre compte au parlement.

c'était aller plus loin que la grande Charte, qui n'autorisait les chevaliers qu'à dénoncer les abus à la cour du comté. Les statuts portaient encore que les shérifs seraient élus par les chevaliers du comté; que le parlement s'assemblerait régulièrement trois fois par an; enfin, qu'une commission de douze barons serait en permanence dans l'intervalle des sessions, avec autant d'autorité que le corps tout entier; conférerait de toutes les affaires avec le conseil royal, et suivrait le roi partout.

Mais on put s'apercevoir bientôt que les réformateurs ne tendaient qu'à exercer le pouvoir à leur profit. Quand le parlement fut dissous, ils demandèrent la prolongation de leur dictature, qu'ils devaient déposer. Ils ne s'emparèrent des offices que pour les distribuer à leurs amis. Ils établirent que les juges ambulans ne feraient leurs tournées que de sept en sept ans, sans doute pour mieux assurer l'impunité des vexations qu'ils voulaient exercer. Dans la même inten-tion, ils retirèrent aux shérifs le droit de mettre à l'amende les barons qui ne se rendraient pas aux assises.

Alors on ouvrit les yeux sur leur ty-rannie intéressée. Ils s'aliénèrent les es-prits ; l'on en trouve une grande preuve dans la démarche que fit le corps des chevaliers. Une députation fut envoyée par ceux-ci au prince Édouard, pour l'inviter à prendre la défense des libertés publiques, et à sommer les barons de finir leurs réformes et de déposer leurs pouvoirs. Le prince ne se crut pas sans doute en force de rompre son serment ; mais il fit savoir aux vingt-quatre que, s'ils ne terminaient pas promptement, il était décidé à les y contraindre au péril de sa vie. Voilà donc la classe moyenne qui commence à entrer dans la balance politique, où elle aura plus tard un si grand poids. Comment le corps des chevaliers prit-il cette résolution? Des historiens supposent qu'alors ils se rassemblaient régulièrement dans une chambre séparée. Ne seraient-ce pas plutôt les quatre chevaliers par comté, nommés en vertu des provisions d'Oxford, qui auraient arrêté de faire cette députation au nom de leurs commettans? On n'en sait rien.

Quoi qu'il en soit, les réformateurs se contentèrent de publier un misérable code d'ordonnances imparfaites. Fortifiée par le mécontentement public, la cour commença à les blâmer hautement, et réussit à semer entre eux la discorde. Elle convoqua trois chevaliers par comté, pour attirer ceux-ci dans son parti. Le roi se fit délier de ses sermens par le pape, mécontent des réformateurs, qui repoussaient le joug de Rome; et n'ayant plus ni craintes, ni scrupules, Henri parla en maître. « Je vous ai assemblés, dit-il au parlement, pour vous intimer mes ordres : j'anéantis les conventions que nous avions faites dans des temps de discordes. Vous m'en aviez promis de grands avantages; je n'en ai éprouvé que des inconvéniens. Je suis né roi, je veux l'être. » Mais un tel langage dans la bouche d'un roi comme Henri III était ridicule, par cela même qu'il eût été terrible tenu par un homme ferme. Néanmoins, il semblait faire quelque impression sur les barons, lorsque Leycester, élevant la voix avec l'accent de l'indignation, s'écria : « Quoi ! vous est-il permis de violer des sermens aussi solennels que ceux que vous avez faits à Oxford? Le ciel, témoin de mes promesses, ne le sera jamais de mon parjure. De ce pas, je vais à l'autel en renouveler l'engagement. »

Ces paroles rendirent aux ligueurs leur audace. La guerre recommença, ou plutôt un état de choses qui n'était ni la guerre ni la paix, pendant lequel on négociait sans vouloir céder; la couronne cherchant à corrompre et à diviser les barons; les barons jetant du discrédit sur la couronne, et la portion active de la nation allant tour à tour d'un parti à l'autre. En 1263, Leycester, qui s'était retiré en France, rentra en Angleterre, avec la coopération de trente mille Gallois insurgés. Les barons reprirent les armes; le carnage recommença de toutes parts. Le roi, encore humilié, fut contraint de nouveau à reconnaître les statuts d'Oxford. Mais cet état violent ne pouvait durer.

Ce fut dans ces circonstances que l'on convint des deux côtés de prendre le roi de France pour arbitre. Le sage Louis IX, dont la scrupuleuse équité était renommée dans le monde chrétien, et que les rois contemporains prenaient quelquefois pour juge, aurait pu, s'il eût consulté ses intérêts seulement, exercer depuis long-temps une utile intervention chez des voisins en proie à la discorde. Le rôle de médiateur invoqué, était plus digne de lui. Il assembla son parlement à Amiens, pour délibérer sur cette grande question. On sait quelle fut sa décision. Il lui donna pour base la légitimité de la grande Charte, quoique cet acte fût loin d'être une concession libre et spontanée de la couronne; il la regarda du moins comme le dépôt inviolable des libertés de la nation anglaise. Mais aussi il annula les statuts d'Oxford, comme destructifs de l'autorité royale, et incompatibles avec les chartes. Enfin, il demanda pour les deux partis une amnistie générale.

14.

Quelque modéré que fût ce jugement, il ne fut point mis à exécution. Tant qu'un parti ne veut pas se tenir pour battu, jamais il n'admet de moyens termes ni de concessions. Leycester prétendit que la sentence était contradictoire, puisque, disait-il, les statuts d'Oxford étaient fondés sur la grande Charte : ou bien, ajoutait-il, le roi de France nous donne ici gain de cause. Alors on rentra en campagne ; Leycester rallia de nouveau tous les mécontens, et la guerre recommença avec fureur. Londres, ainsi que les cinq ports, adhéraient au parti des insurgés, ce qui prouve que ceux-ci avaient su rendre leur cause populaire. L'armée du roi marcha sur la capitale ; celle de Leycester alla au-devant d'elle et la rencontra en mai 1264, à Lewes, dans le Sussex. Mais ce chef, prudent et habile politique, songeait toujours à mettre des formes régulières dans ses procédés. Il écrivit au roi une lettre respectueuse et ferme. C'est dans le continuateur du moine chroniqueur Matthieu Paris, qu'il faut lire cette curieuse correspondance d'une veille de bataille. Après s'être disculpés des calomnies répandues sur leur compte, les barons disent au roi : « Que votre excellence sache que nous veillerons à la santé de votre corps avec tout le zèle et toute la fidélité qui vous sont dus. Nous sommes résolus à poursuivre autant qu'il est en notre puissance, non-seulement nos ennemis, mais les vôtres et ceux de votre royaume. Ne croyez donc point aux faux rapports qu'on vous fait contre nous. » La réponse du roi est pleine de mépris et d'aigreur. « Henri, etc., etc., à Simon de Montfort, Gilbert de Clare et leurs complices. La guerre et les désordres que vous avez excités dans notre royaume, l'incendie et les ravages qui en sont la suite, nous montrent manifestement que vous n'observez pas la fidélité qui nous est dûe, et que vous vous inquiétez encore moins de la santé et de la sécurité de notre personne. Quant aux ennemis que vous vexez sans relâche, comme votre lettre nous l'annonce, ce sont précisément nos plus fidèles serviteurs, et ceux qui sont constamment restés attachés à notre cause, etc. »

Le prince Edouard et son oncle écrivirent aussi une réponse qui est encore plus forte. « Nous vous avertissons donc, y disaient-ils, que nous sommes vos ennemis; et si vous, Simon de Montfort et Gilbert de Clare, voulez venir dans la cour du roi notre seigneur, soutenir que vous n'êtes pas des menteurs et de méchans conseillers, nous sommes prêts à vous délivrer un sauf-conduit pour vous y rendre, et à prouver à chacun de vous par quelqu'un qui vous égale en naissance

que vous êtes des perfides et des traîtres. »

Un tel style diplomatique était peu propre à amener des négociations. Aussi se prépara-t-on de part et d'autre au com-bat (1). L'armée du roi était partagée en trois corps : le prince Edouard comman-dait la droite, le roi des Romains la gau-che ; le roi était au centre. Leycester, qui avait préparé ses dispositions par une marche habile, laissa l'ennemi engager l'action. Le prince Edouard attaqua avec impétuosité la milice des bourgeois de Londres, qui formait la droite des confé-dérés ; il l'enfonça aisément, et, se lais-sant emporter par son ardeur et ses res-sentimens, il la poursuivit sans relâche.

(1) Leycester y prépara son armée par les jeûnes et la prière, tandis que dans le camp opposé on se livrait à la débauche avec une confiance entière dans le succès. On croit lire l'histoire de Crom-well.

Leycester, en chef expérimenté, loin d'être déconcerté par cet échec auquel il pouvait s'attendre, sut le faire tourner à son avantage. Il laissa habilement s'éloigner le corps du jeune prince à la suite des fuyards, et, saisissant le moment favorable, il donna sur le reste de l'armée ennemie, avec ses meilleures forces, les barons et les hommes d'armes ou chevaliers, qu'il avait maintenus en bon ordre. L'armée royale fut loin de mettre dans sa résistance autant de vigueur qu'en montrèrent les rebelles, sûrs d'être châtiés s'ils étaient vaincus. La victoire ne fut pas long-temps douteuse, les royalistes furent mis en déroute, et laissèrent entre les mains de Simon de Montfort Henri III et son frère. Le prince Edouard apprit la défaite en revenant triomphant d'une partie de ses adversaires; il ne désespéra pas encore, tout en se repentant amèrement de s'être laissé entraîner avec tant d'imprudence; il voulut fondre sur les vainqueurs. A la faveur du désordre et de la confiance qui accompagnent le premier moment du succès, peut-être eût-il réussi dans ce dessein audacieux, s'il eût pu communiquer sa vigoureuse résolution à son corps d'armée, découragé par l'issue de la bataille, et fatigué pour avoir couru à une victoire partielle et inutile. Pendant ce temps, Leycester songeait à tout; il poursuivait ses avantages avec ordre, et se tenait en garde contre un ennemi du caractère du prince Edouard. Il fit plus; il voulut aussi s'emparer de sa personne. Pour cela, il l'occupa de feints pourparlers, pendant lesquels il le fit envelopper par plusieurs détachemens. Le prince, circonvenu de la sorte, devint aussi le prisonnier du vainqueur.

Leycester se trouva ainsi maître absolu du royaume. Cependant il voulut donner à tous ses actes un caractère de légalité.

Quoiqu'il imposât ses conditions à la famille royale, il ne voulut pas paraître tout-à-fait la tenir dans l'oppression. Il ne retint que les deux princes comme otages, il laissa le roi dans une sorte de liberté. Enfin, songeant à consulter la nation elle-même sur ce qui l'intéressait encore plus que le roi, il convoqua le parlement (1), et le fit tel qu'il fut le plus complet qu'on eût vu jusqu'alors ; tel, qu'il offrit, autant que les temps le permettaient, une représentation des classes puissantes, influentes et actives, des classes politiques enfin.

C'est ici qu'il faut admirer la portée de cet étonnant génie, qui, élevé au pouvoir suprême par les factions et le sort des armes, respecta, je ne dirai pas l'opinion,

____

(1) Il en convoqua deux ; l'un au mois de juin 1264, où assistèrent les chevaliers de comté ; l'autre en décembre, où furent appelés aussi les députés des bourgs.

car ce mot serait un anachronisme, mais les intérêts généraux alors en évidence; ou, pour mieux dire, qui comprit qu'il trouverait une grande force en s'appuyant sur le plus grand nombre. Cependant sa position n'était pas sans difficulté : les barons vainqueurs ne voulaient pas voir siéger avec eux ceux du parti contraire. Ce fut précisément pour éviter les dangers d'une convocation partiale et incomplète, que Leycester songea surtout à favoriser la classe moyenne. Il institua, au nom du roi (il faisait tous ses actes dans ce nom) un magistrat extraordinaire dans chaque comté, sous le titre de Conservateur de la paix. Cet officier, dont les fonctions étaient analogues à celles des shérifs, fut chargé de faire élire quatre chevaliers pour être députés au parlement. Enfin Leycester alla plus loin; pour se ménager un autre appui et se donner une force vraiment populaire, il appela à son second parlement des députés des villes, des bourgs et des cinq ports. C'est alors que la bourgeoisie, cette portion si importante de l'État, source de sa puissance et de sa richesse industrielle, prit pour la première fois sa place parmi les pouvoirs politiques.

L'un des premiers actes du gouvernement de Leycester fut de faire décider par le parlement la recomposition du conseil du roi; et il eut soin qu'elle se fît par ses mains. Un légat du pape avait été envoyé pour lancer l'excommunication contre les rebelles; Leycester lui fit défendre, sous peine de mort, de mettre les pieds en Angleterre. Il expédia de toutes parts, avec une grande activité, les ordres nécessaires pour opérer tous les changemens qu'il projetait. Les historiens assurent qu'il n'exploita le pouvoir que dans ses intérêts particuliers; mais rien ne le prouve. On fit en France de grands préparatifs contre lui; il sut les paralyser, et ils n'aboutirent qu'à des menaces.

Cependant cette puissance d'inter-règne ne pouvait être que provisoire. Les barons confédérés, qui s'attendaient à recueillir, du succès de leur révolte, l'impunité de la tyrannie et les dépouilles des vaincus, se trouvèrent avec surprise et mécontentement sous un nouveau maître qui voulait les soumettre aux lois. Leur hautaine insubordination ne put se plier au joug de celui qu'ils avaient vu leur égal. Alors la lutte s'engagea d'eux à lui; mais elle était disproportionnée. Leycester, en confisquant leurs terres, en prononçant contre eux des amendes, les irrita sans les réduire. La royauté profita de ces dissensions pour relever son parti; les barons retournèrent à elle peu à peu. Glocester, l'un des plus puissans d'entre eux, et qui avait déjà conçu de l'ombrage ou de la jalousie de Simon de Montfort, se mit à la tête des mécontens. Simon marcha contre eux avec ses partisans dévoués. Le prince Édouard, qui le suivait comme prisonnier, ayant été informé qu'on avait le dessein de le délivrer, trompa ses gardiens. Dans une partie de promenade, il les défia à la course ; après avoir harassé leurs chevaux, il sauta sur un excellent coureur que Glocester avait fait tenir près de là, et s'échappa au galop, en criant adieu à ses surveillans. Le prince ne tarda pas à rejoindre un corps de troupes qui l'attendait. Quand on apprit son évasion, de toutes parts on rejoignit ses drapeaux ; les places se rendirent à lui. Leycester, réduit à peu de forces, mais voulant succomber glorieusement, accepta le combat à Évesham. En voyant les bonnes dispositions et la contenance de l'armée du prince, il s'écria : « Ils ont appris cela de moi; Dieu ait pitié de nos âmes, car je vois que nos corps sont à Édouard. » Son armée, réduite par la disette, ne tint pas beaucoup; ses Gallois lâchèrent pied, et il périt les armes à la main (1).

Ainsi finit Simon de Montfort, comte de Leycester, moins fameux dans l'histoire qu'il ne devrait l'être. On l'appelle un factieux, mais il fut regretté du peuple, auquel il donna une nouvelle existence; et dans ce siècle où la superstition se mêlait à tout, la reconnaissance populaire pour l'homme qui avait le premier fait siéger des bourgeois au parlement, se manifesta par des dévotions à son tombeau, où l'on prétendit qu'il se faisait des miracles. Quelque jugement

(1) Leycester ne perdait pas de vue le roi son prisonnier; il le tenait si près de lui, qu'on prétend que ce monarque courait le risque de périr dans la mêlée lorsque son fils Edouard lui sauva la vie.

qu'on porte sur lui, on conviendra qu'il rendit un grand service à l'Angleterre et à l'Europe; car s'il est regardé comme le fondateur du parlement anglais, il l'est par cela même du gouvernement représentatif. Son œuvre, confirmée et régularisée par Édouard Ier, comme nous le verrons plus tard, lui a survécu. Nous pouvons rappeler avec quelque satisfaction que ce fameux homme d'État et de guerre, qu'on appellerait assez justement le Cromwel de la féodalité, était français. Puisque nous n'avons pu établir le gouvernement représentatif chez nous qu'en l'empruntant à nos voisins, c'est bien le moins que nous en revendiquions le plus ancien auteur.

ÉTUDE SIXIÈME.

Politique des Capétiens. Recomposition progressive de la couronne et de la royauté en France. — L'influence politique commence à passer de nouveau des hommes de guerre au clergé. — Etablissement des premières communes sous Louis le Gros. — Commencemens d'alliance entre la royauté et la classe moyenne. — Les conquêtes de Philippe-Auguste agrandissent la couronne et rendent le suzerain plus fort que les grands vassaux. — Louis IX. établit la centralisation judiciaire et fonde la puissance morale. — Des anciens parlemens féodaux. Parlemens et grandes cours, assemblés sous saint Louis; négociations du roi avec quelques bonnes villes. — Parlemens cours de justice, ambulatoires, puis sédentaires. — Epoque de Philippe le Bel. — Lutte des rois contre les papes. Ressources financières de la royauté sous Philippe le Bel. — Contestation entre Philippe le Bel et Boniface VIII pour les décimes du clergé. — Guerre contre les Flamands insurgés. — Convocation des premiers

Après avoir vu comment la forme représentative s'établit en Angleterre, revenons en France, et cherchons à expliquer les circonstances qui l'introduisirent aussi dans notre pays. J'ai montré la centralisation carlovingienne cédant au régime féodal, et le pouvoir suprême divisé et dispersé dans les localités. J'ai indiqué les progrès de cette dissolution de la royauté, opérée par la propriété-pouvoir. Je vais tracer maintenant les progrès de la recomposition de la royauté, et en même temps ceux de l'émancipation du peuple, car ils ont été parallèles.

jusqu'à une certaine époque. Je peux me borner à présenter rapidement les sommités de ce sujet, tant de fois traité par nos historiens et nos philosophes.

La marche constante de la royauté capétienne vers l'autorité absolue, est un fait général tellement frappant dans notre histoire, qu'il a été aperçu même par nos anciens chroniqueurs, avant d'avoir été exposé par le judicieux critique Etienne Pasquier, et d'avoir été placé au rang des connaissances populaires par le président Hénault. Les opinions politiques se mêlant à l'examen de l'histoire, ce fait de l'agrandissement de la royauté a été diversement apprécié. Les avocats du pouvoir absolu, les historiographes, l'ont admiré sans restriction; les publicistes, les historiens indépendans comme Pasquier et Mézeray, l'ont jugé sévèrement. Le calviniste et républicain Hotman condamne toutes les entreprises des rois. Le modéré Jean Bodin défend l'unité monarchique, tout en reconnaissant qu'elle est limitée par le droit des états de voter l'impôt. A une époque plus récente, le comte de Boulainvilliers, convaincu d'être un descendant des Francs, n'a compulsé notre histoire que pour maudire les rois qui ont abaissé les seigneurs et affranchi le peuple, et pour gourmander les bourgeois qui ont eu l'audace de renouveler la race des nobles d'épée [1]. Formé à l'école de Boulainvilliers, mais

. [*] « Ainsi la noblesse (dit-il dans un de ses accès d'humeur), qui composait seule l'État dans le premier temps, non contente de s'être laissé dégrader de son rang par le clergé, voulut bien encore se laisser associer le peuple et les hommes de loi ! » Il dit ailleurs de Philippe le Bel (qu'il déteste, ainsi que tous les rois qui ont abaissé la noblesse) : « Il est le premier de nos rois qui se soit attribué la puissance d'anoblir le sang des roturiers, et qui, par un abus à peu près semblable, quoique différent dans l'espèce, ait créé de nouvelles pairies, d'une plus haute portée dans l'esprit, M. de Montlosier témoigne aujourd'hui la même indignation féodale; mais il le fait du moins avec talent, et l'on prête attention à ses boutades aristocratiques, comme aux boutades du misanthrope. Montesquieu, dont la raison supérieure sut comprendre et admirer le gouvernement représentatif en Angleterre, n'éleva pas sa pensée jusqu'à désirer de le voir établir en France, ou même seulement jusqu'à regretter les états-généraux. Un homme doué d'un esprit lumineux et méthodique, qui se trompa sur la politique générale, parce qu'il chercha, pour les temps modernes, des modèles dans les sociétés de l'antiquité (1), Mably a rencontré juste dans

sans qu'on ait réclamé ni contre l'une ni contre l'autre entreprise. »

(1) Voyez les notes et pièces à la fin du volume.

la politique spéciale de notre histoire, parce qu'il y a porté une laborieuse investigation ; qu'il a soigneusement classé les faits, distingué les époques, recherché les causes, et apprécié les résultats. De tant d'autres livres écrits sur l'histoire de France, celui de Mably, qui est son meilleur ouvrage, restera. Cependant, Mably est quelquefois injuste envers le passé, car il demande à un siècle ce qui ne pouvait se faire que dans un autre siècle, et il accuse les hommes d'avoir été ce qu'ils devaient être dans leur temps. Expliquer les temps, voilà toute la tâche de l'historien publiciste.

A l'avénement des Capétiens, le roi de France n'était qu'un *primus inter pares*, et dès lors il voulut être davantage. Les entreprises des Capétiens remontent à Hugues Capet lui-même. Il y avait deux sortes de grands fiefs, ceux qui relevaient de la couronne, ceux qui relevaient du duché de France. Ceux-ci étaient plus nombreux, ceux-là étaient plus puissans, car ils appartenaient à ceux qui étaient proprement les *pairs*, les égaux. Hugues, en habile politique, les confondit, et les vassaux du duché de France furent placés au rang des pairs, comme les vassaux de la couronne. Mais pour abaisser réellement ceux-ci il fallait une force que la royauté n'avait pas. Elle resta donc quelque temps stationnaire. Il y a plus, par une conséquence de l'anarchie féodale, elle fut réduite à lutter péniblement contre ses vassaux immédiats, les barons du duché de France. Tandis qu'un roi déployait dans ces guerres de voisinage une infatigable activité, un auxiliaire inattendu se présenta. C'était le peuple, qui, depuis deux siècles, avait à peu près disparu de l'état politique. Voici comment fut amenée sa renaissance.

16

Sous la féodalité pure, toute la puissance était à la propriété territoriale jointe à la force armée. Le clergé, qui n'était qu'une force morale, avait été obligé d'entrer dans la féodalité. Les évêchés, les abbayes, étaient devenus des fiefs, et les prélats des seigneurs. Mais dans cet état de guerre de manoir à manoir, ces seigneurs mitrés ne purent se faire respecter de voisins accoutumés à manier les armes. Ils eurent alors recours à la force morale contre la force physique, et se défendirent avec les anathèmes. Ne pouvant repousser la guerre, ils prêchèrent la paix. Quelque peu observée qu'ait été cette *paix* ou *trève de Dieu*, elle porta une première atteinte à la force brutale des armes. Le clergé profita de l'influence qui revenait à lui. Il attira une grande partie des contestations devant les tribunaux, en alléguant que là où il y a délit ou injustice, il y a péché, et que, par conséquent, tout est de la juridiction ecclésiastique. Les seigneurs laïques, juges plus ignorans, qui ne comprenaient que la procédure du combat, perdirent peu à peu du terrain dans ce conflit de juridiction, qui prépara les voies aux conquêtes de la juridiction royale. Le clergé, enrichi par la munificence de la superstition, puis dépouillé par la violence et l'avarice des gens de guerre, puis enrichi de nouveau pour être dépouillé encore, possédait d'immenses domaines au commencement du douzième siècle. Le remuement des croisades avait favorisé ses acquisitions. Déjà appauvrie par les guerres domestiques, la féodalité avait achevé de se ruiner par ces guerres lointaines. Les seigneurs laïques avaient été obligés de vendre leurs fiefs pour en supporter les frais. Ces fiefs, dépeuplés et ravagés par leurs anciens maîtres, se repeuplaient et se

défrichaient sous l'autorité moins barbare des seigneurs ecclésiastiques. Des
bourgs se formaient autour des abbayes :
les villes devenaient moins misérables
sous le gouvernement des évêques.

Quand une classe du peuple a acquis
assez d'aisance et de lumières pour s'a-
percevoir que son état politique n'est pas
tolérable, elle cherche à en sortir : elle
veut en obtenir un qui soit en rapport
avec son existence sociale. C'est ce qui
arriva aux bourgeois des villes. Quand
ils étaient misérables, ils se laissaient dé-
pouiller; quand ils le furent moins, ils
souffrirent impatiemment les vexations
et les maltôtes. Dans quelques villes de
Picardie renfermées dans le domaine du
roi, ils s'insurgèrent; ils offrirent à
Louis le Gros de l'argent pour obtenir
son appui. De là les communes, sortes
de républiques campées au milieu de la
féodalité, et qui placèrent une partie du

peuple hors de la féodalité. En accordant aux bourgeois des chartes de communes qui les affranchissaient, sous certaines conditions, de la tyrannie et de la fiscalité de leurs seigneurs, Louis le Gros favorisa la formation de cette classe moyenne, qui est devenue depuis la plus importante de l'Etat. Il prépara aussi l'alliance du pouvoir avec elle, mais il ne la consomma pas, d'abord parce que la bourgeoisie ne faisait que sortir du néant; ensuite parce que, loin de pouvoir protéger celle du royaume, il n'était en relation qu'avec celle de son domaine direct. Ce roi ne fut, ainsi que son fils, pas grand chose de plus qu'un comte de Paris et de quelques provinces. Les grands vassaux de la couronne étaient tous plus puissans que lui. Ce n'était pas là être roi de France.

Philippe-Auguste, par ses conquêtes et par sa politique, tira la couronne de cet état précaire. Il devint, comme seigneur féodal, plus puissant que ses voisins; alors, comme roi féodal ou suzerain, il put tenir sur eux la supériorité, qui, chez ses prédécesseurs, n'était que nominale. Il continua et il étendit l'œuvre des communes, ainsi que l'avait fait Louis le Jeune. Fort de l'accroissement du domaine de la couronne, plus fort encore par la présence permanente d'un corps armé qu'il soudoya le premier, il n'eut rien à craindre de voisins qui ne pouvaient lui opposer une force ainsi disponible. Mais il fit peu d'entreprises contre leur autorité. Ses sénéchaux et ses baillis étaient des officiers révocables qu'il envoyait administrer ses provinces immédiates. Ils étendirent, par les appels, sa juridiction dans ces provinces seulement. Philippe-Auguste fit faire un grand pas à la royauté, et pourtant il fut, ainsi que Louis IX, un roi féodal. Ces rois n'attaquèrent pas directement la féodalité. Ils ne purent contracter avec le peuple l'alliance qui, plus tard, porta les derniers coups à la puissance des seigneurs. D'abord, le peuple était encore trop faible ; ensuite, l'unité nationale n'était pas assez recomposée.

Cependant ces rois ne se bornèrent pas à favoriser les communes dans les provinces de leur domaine. Les villes qui appartenaient aux grands vassaux sentirent que leur position serait plus favorable, si elles se plaçaient sous la protection du roi. Lorsqu'elles achetèrent de leurs seigneurs des chartes d'affranchissement, la défiance leur inspira, ou le roi leur suggéra l'idée de l'invoquer lui-même comme garant du traité et comme arbitre des contestations qui pouvaient survenir. De cette manière, les rois purent soustraire indirectement aux vassaux une portion de leurs sujets ; ce fut un acheminement vers la reconnaissance de leur souveraineté dans tout le royaume. Enfin Philippe-Auguste se trouva assez fort pour se passer de la forme de l'élection [1], à l'aide de laquelle ses prédécesseurs faisaient, par précaution, assurer la couronne à leur héritier présomptif. Il fit là pour la maison Capétienne, ce que Charles-Quint a fait en Allemagne pour la maison d'Autriche. Louis IX fut donc plus qu'un duc de France, mais il ne fut pas encore un roi de France.

Les pouvoirs législatif et judiciaire étaient disséminés et partagés entre les seigneurs. La sagesse de Louis IX et l'estime dont il jouissait parmi ses contemporains, accréditèrent, chez les princes voisins, les lois qu'il établit dans ses domaines. On admit peu à peu ses établissemens, non comme des lois instituées

____

[1] Voyez les notes et pièces à la fin du volume.

par un législateur compétent, mais comme l'œuvre d'une prudence éclairée. En
abolissant le combat judiciaire, il fit plus
que de sanctionner une décision déjà
prise par l'Eglise, il fonda la puissance
de l'intelligence, de la raison, de la justice; puissance qui devait remplacer la
force des armes, la féodalité. En établissant les appels à la place des prises à
partie, il commença à rattacher fortement le pouvoir judiciaire à la couronne.
En exigeant l'instruction des causes, il
réussit à les soustraire à la décision d'une
noblesse qui méprisait la procédure, et
qui ne savait pas lire. En arrêtant le cours
des guerres privées, il prépara pour la
royauté d'utiles et fréquentes interven-
tions; il la rendit par là un pouvoir tuté-
laire et médiateur dans ses mains, un
pouvoir envahissant dans les mains de
ses successeurs. Philippe le Hardi con-
courut pour sa part à l'agrandissement

de la royauté, et si ce prince nul ne put faire beaucoup par sa politique, au moins fut-il utile à sa race par l'immense héritage qui lui échut, et par lequel il rejoignit à la couronne presque tout le midi de la France. Résumons-nous.

Louis le Gros, en favorisant le premier élan d'émancipation des communes, fortifia la couronne dans son domaine. Philippe-Auguste, en accroissant ce domaine, multiplia les communes sur une plus grande étendue de territoire, en reçut une plus grande force, et leur prêta un appui plus efficace. Louis IX assura davantage leur existence en frappant les juridictions féodales, et en instituant ses appels, qui sont le premier pas vers la centralisation monarchique; par son ascendant comme législateur, il fit presque reconnaître sa souveraineté comme roi. Mais Philippe le Bel manifesta cette souveraineté de fait : il fit, le premier, alliance entière avec le peuple en l'appelant aux états-généraux : il est le premier des Capétiens qui ait été vraiment roi de France.

Avant d'arriver à cette fameuse convocation des états-généraux, il faut dire un mot de certains parlemens qui les ont précédés, et avec lesquels il ont été confondus par d'anciens auteurs, tels que ce bon Savaron, qui donne une chronologie non interrompue des états-généraux, depuis Clovis jusqu'à Louis XIII. Nous avons vu que les assemblées carlovingiennes n'existaient plus. Cependant il se réunissait encore de temps en temps des conciles ou conseils de seigneurs à l'imitation de ceux des prélats.

Ces conseils n'étaient point généraux, fréquens, périodiques et convoqués régulièrement comme ceux que nous avons vus dans l'Angleterre féodale. C'étaient ordinairement des conférences de plusieurs seigneurs qui avaient à traiter d'intérêts communs; ils y invitaient leurs voisins et leurs amis. Là, ils concertaient leur résistance soit au clergé, soit à la couronne, ou bien ils prenaient des déterminations sur les croisades. Ces réunions se nommèrent *parlemens*. Mais elles étaient sans importance; elles n'entraient pas dans le gouvernement, et n'avaient point de pouvoirs politiques. Ce qu'on y décidait n'obligeait que ceux qui l'avaient adopté et signé; ce n'étaient que des conventions particulières.

On pourrait citer des assemblées plus générales; mais ce ne sont que des cas extraordinaires qui n'offrent pas le caractère d'une institution. Tel est, par exemple, la grande réunion, ou, pour mieux dire, la grande revue de croisés dont parle le chroniqueur contemporain de Philippe-Auguste, et dans laquelle il nous dit que ce prince décréta, avec l'assentiment du clergé et du peuple, les dîmes qui devaient être supportées par tous, et qui furent nommées *saladines* (1). Mais cette formule du consentement du peuple ne prouve pas suffisamment que le peuple ait été appelé à délibérer. Il ne faut voir là qu'une grande et imposante solennité, destinée à donner plus de publicité à la promulgation.

Ceux qui ont essayé de faire remonter avant Philippe le Bel l'admission des bourgeois dans les assemblées du clergé et des seigneurs, citent un passage du testament de saint Louis, où ce prince reconnaît que les bonnes villes et cités lui ont donné une utile assistance contre les factions de quelques seigneurs. Mais il est difficile de voir là des assemblées de députés des communes. On cite encore le passage suivant du chroniqueur Nicole Gilles, secrétaire de Charles VIII :

(1) Voyez les notes et pièces à la fin du volume.

17

« Semblablement le roy saint Loys assem-
» bla un parlement à Paris, où furent les
» pairs de France, barons, prelats et
» gens de bonnes villes. » Il est probable
que l'auteur parlait là conformément à
l'usage du temps où il vivait, et donnait
aux bourgeois du treizième siècle les pré-
rogatives dont il les voyait en possession
au quinzième. Il n'est pas plus croyable
que saint Louis ait, comme le disent les
grandes chroniques, assemblé en 1240 un
parlement composé des pairs et barons,
des prélats et des députés des bonnes
villes, pour réduire Hugues de Lusignan.
Ce fait, qui nous offrirait les premiers
états-généraux, serait sans doute con-
staté par d'autres témoignages; et il est
trop important pour être admis sur un
seul. On cite des lettres de convocation
adressées en 1269 aux consuls de bonnes
villes et communes de Languedoc, pour
conférer avec les prélats et nobles sur

leurs propres requêtes : mais ceci n'est qu'un cas local et particulier. Enfin on cite une ordonnance de Louis IX , contresignée par des bourgeois de cinq villes ou communes; mais il y a loin de là à la convocation des états-généraux.

Il ne faut pas confondre non plus les parlemens dont il vient d'être question avec la cour de justice à laquelle leur nom a passé. C'était la cour d'assises féodale ambulatoire, que le roi convoquait partout où il se trouvait, qui tantôt exerçait les attributions d'une sorte de conseil d'État, d'autres fois celles de tribunal. Les pairs avaient droit d'y assister; mais ils négligeaient de s'y rendre : leur orgueil répugnait à siéger avec de simples chevaliers que le roi désignait à chaque convocation , et avec de simples clercs ou ecclésiastiques, souvent roturiers, qui y remplissaient les fonctions de conseillers-rapporteurs. On sait que ce fut Philippe le Bel qui le premier donna de la stabilité à cette cour, en la rendant sédentaire, et que Philippe le Long en éloigna les évêques, en lui donnant encore plus de consistance. A mesure que la jurisprudence romaine prévalut sur le droit féodal, les chevaliers, incapables de se livrer à une étude difficile, qu'ils méprisaient d'ailleurs, se retirèrent du parlement, y laissant les clercs ou légistes seuls en possession d'instruire et de juger les causes.

Ces divers points suffisamment éclaircis, et le sujet principal dégagé de ce qui n'y adhère pas immédiatement, il ne reste plus, pour y arriver, qu'à traverser les circonstances qui l'entourent. C'est la partie dramatique de chaque époque, partie essentielle qui comprend les événemens, les volontés individuelles, et les caractères des hommes influens. Si les faits généraux nous montrent pourquoi une révolution a eu lieu, les faits particuliers nous montrent comment elle s'est opérée, ce qui l'a déterminée, par qui elle a été accomplie.

Aux neuvième et dixième siècles, la puissance temporelle ecclésiastique appartenait aux évêques. Aux onzième et douzième elle passa aux moines et aux papes. Ceux-ci l'usèrent par les excès et les violences de la plus orgueilleuse tyrannie. Au treizième siècle, les rois ne courbaient déjà plus la tête sous le joug de Rome, et bientôt ils se moquèrent de ses foudres. Cependant le saint Siége fut occupé par un pontife aussi despote que Grégoire VII, aussi entreprenant qu'Innocent III. C'était Boniface VIII. Il voulut reprendre l'ancienne domination papale sur la France ; mais le trône se trouva occupé par un homme qui n'était ni moins ambitieux, ni moins fier, ni moins obstiné que lui. C'était Philippe le Bel.

Ce roi dépensait beaucoup d'argent, d'une part parce qu'il aimait le luxe et la magnificence, de l'autre parce qu'il avait découvert que l'argent était un moyen facile d'agrandir son pouvoir. Mais ses ressources étaient loin de répondre à ses besoins. La vente de la justice, la vente de la protection royale aux seigneurs opprimés, la garde des fiefs des mineurs que la couronne s'était attribuée, donnaient des revenus modiques et casuels. Fabriquer et mettre en circulation de la fausse monnaie, pour arriver avec beaucoup d'habileté, et après des manœuvres qu'on trouve fort bien exposées dans Mably, à s'emparer du droit qu'avaient les seigneurs de frapper des espèces à leur coin, avait été pour Philippe un expédient assez productif. Mais cet expédient devait avoir un terme, et le *roi faux-monnayeur* (comme l'appelait alors le peuple) devait être forcé par les clameurs et la misère générales, à améliorer son titre. Le droit de régale, dû par les évêchés et monastères quand le roi voyageait, changé en une redevance annuelle; le droit d'ost et de chevauchée, perçu de la même manière pour remplacer le pillage qu'exerçaient les gens du roi sur les bourgeois, quand ceux-ci étaient gratifiés de la joyeuse présence de leur prince; une aide féodale due par les vassaux de la couronne quand le roi faisait son fils chevalier, ou mariait sa fille aînée; tels étaient, avec quelques petites taxes, les revenus sur lesquels il pouvait compter.

Les croisades avaient souvent servi de prétexte pour avoir de l'argent; c'était un moyen sûr, et le seul, d'en obtenir du clergé, dont les richesses étaient immenses. Le temps des croisades était passé ; mais on se servait encore du prétexte. Il y avait ordinairement contestation entre les rois et les papes sur la perception des décimes ; c'était à qui en serait chargé. Une décime avait été accordée pour secourir la Terre - Sainte, en apparence. Mais le roi s'en empara et en dépensa le produit dans une guerre contre l'Angleterre. Boniface avait déjà lancé une bulle par laquelle il défendait à tout ecclésiastique de payer aux laïques quelque taxe que ce fût, sans l'autorisation du saint Siége, sous peine d'excommunication pour ceux qui la paieraient, et pour les rois et princes qui la recevraient. Cette bulle fut suivie d'une lettre plus formelle adressée au roi, qui y répondit avec vigueur. On peut juger d'après cela quelle fut la colère du pape. A son instigation, un évêque vint braver le roi jusque dans Paris. Philippe chassa cet évêque ;

le pape le soutint au contraire. Une lutte opiniâtre s'engagea. Le pape traita le roi sans égards; le roi résista au pape sans ménagemens. L'un parla au nom de Dieu et comme son représentant; l'autre parla en son nom, et dit que le royaume de France était de ce monde, mais que celui du pape n'en était pas. Le pape dit: « Sachez que vous nous êtes soumis au temporel comme au spirituel. » Le roi répondit : « Philippe, par la grâce de Dieu, roi des Français, à Boniface, prétendu pape, peu ou point de salut. Que votre très-grande fatuité sache que nous ne sommes soumis à personne pour le temporel. » L'authenticité de cette correspondance est démontrée. Boniface fulmina des bulles plus terribles encore, et menaça de mettre toute la France en interdit.

Mais ce n'était pas là le seul embarras dans lequel se trouvait Philippe. Vers l'an 1300, il avait vaincu et fait prisonnier le comte de Flandre, et réuni cette province à la couronne, après en avoir chassé les Anglais, qui y soutenaient la guerre. Mais il y avait laissé l'autorité entre les mains d'un gouverneur maladroit, qui excita la haine du peuple conquis par des extorsions et des mesures tyranniques. Les Flamands, poussés à bout, se révoltèrent. Quand l'exaspération est à son comble, un chef est bientôt trouvé. L'insurrection des Flamands n'était point aristocratique, mais populaire. C'était un chef populaire qu'il lui fallait; elle l'eut dans le vieux Pierre Leroy, tisserand à Bruges. Cet homme audacieux rallia en peu de temps une multitude de bourgeois, roturiers et vilains. Les Français furent massacrés dans presque toutes les villes qu'ils occupaient.

Il fallait de l'argent pour réprimer cette

révolte : c'était une nouvelle guerre à recommencer, et le trésor de Philippe était souvent épuisé. Ne pouvant pas aisément mettre à contribution le clergé, qui était appuyé par le pape, et qui a toujours été pour le pape quand son intérêt l'a demandé, le roi pressurait bien de temps en temps les communes ; mais ces petites républiques avaient, dans l'enceinte de leurs murs, un esprit d'indépendance qu'il n'était pas facile de contenir. Il fallait négocier avec chacune séparément pour en obtenir quelque chose, et quand l'une refusait, son exemple enhardissait les autres. Soit que les bourgeois vinssent au secours du roi par un don gratuit ou par un prêt, l'argent sortait péniblement et lentement de leurs mains. Les émeutes se renouvelaient souvent, et l'on ne payait pas. Ce fut alors que Philippe le Bel, d'après le conseil de son trésorier Enguerrand de Marigny, dit-on, ou peut-être d'après celui de son chancelier Pierre Flotte, résolut de convoquer une assemblée générale du clergé, des seigneurs et du peuple. C'est surtout la convocation de ce dernier qui fut alors une grande nouveauté. On pense avec raison que l'exemple de l'Angleterre, où les communes, d'abord introduites au parlement par Leycester, y avaient été ensuite appelées par le roi Edouard Ier lui-même, contribua beaucoup à cette détermination. Joignez à cela que la nécessité était pressante : avec elle on explique les tentatives les plus hasardeuses, et, comme on va le voir, celle-ci ne l'était guère alors. Il fallait avant tout satisfaire le besoin d'argent, « pour auquel obvier, dit Étienne » Pasquier dans son vieux langage, les » sages mondains qui manioient les affai- » res de France, furent d'advis, pour faire » avecques plus de doulceur avaler cette

»purgation au commun peuple, d'y ap-
»porter quelque beau respect (1). »

Les lettres de convocation de Philippe le Bel sont perdues. On a seulement une lettre du clergé au pape qui nous les fait connaître. Elles étaient adressées aux barons, archevêques, évêques et prélats, aux églises cathédrales, universités, chapitres et colléges, pour que les uns vinssent en personne, et que les autres envoyassent leurs dignitaires; enfin, aux baillis royaux, pour que ceux-ci fissent élire par les villes des syndics ou procureurs. On a les noms des princes du sang et de quelques-uns des barons convoqués, par le moyen d'une lettre qu'ils écrivirent au collége des cardinaux. Quant aux faits, on les connaît seulement par la chronique de Saint-Denis et le continuateur de Nangis. Les procès-verbaux de ces premiers

<hr>

(1) Voyez les notes et pièces à la fin du volume.

états-généraux, qu'il serait si intéressant de connaître, ne sont pas parvenus jusqu'à nous. D'assez amples détails sur les états tenus sous les premiers Valois, nous ont été conservés, et c'est d'après eux que nous pouvons nous former une idée plus ou moins exacte de ceux de Philippe le Bel.

Les trois ordres tinrent plusieurs séances préparatoires depuis la mi-carême jusqu'au 10 avril 1302, qui était le jour prescrit pour la solennité. Elle eut lieu dans l'église de Notre-Dame de Paris. Philippe vint en personne assister à cette assemblée. Son chancelier, Pierre Flotte, en fit l'ouverture. Il exposa, dans son discours, l'intention qu'avait le roi de réformer plusieurs abus, et surtout de résister aux entreprises de Boniface VIII sur le temporel du royaume. Il peignit en traits énergiques l'ambition et l'audace de ce pontife, qui allait jusqu'à at-

taquer l'autorité du roi, en le disant soumis au saint Siége, au temporel comme
au spirituel. Il parla de la menace d'excommunication, qu'il présenta comme
une injure à la nation entière. Il accusa
l'avarice et la fiscalité de Rome, qui rui-
naient la hiérarchie de l'Eglise. « Le roi
sait, ajouta-t-il, que le clergé se plaint de
quelques officiers royaux qui empiètent
sur ses droits; mais il les blâme, et il se
se propose de réprimer leurs abus d'autorité. Cependant il ne veut pas, en re-
dressant les torts de ses agens, paraître
céder aux menaces du pape. » Enfin, le
chancelier fit connaître à l'assemblée l'é-
tat des affaires en Flandre, en déclarant
qu'il était de l'honneur de la France de
punir la rebellion des Flamands et d'a-
baisser leur orgueil. « Puisque le peuple,
dit-il en terminant, ne concourt pas à la
guerre par ses armes, il doit au moins y
contribuer par son argent.»

Alors le roi prit lui-même la parole, pour confirmer ce qu'avait dit son ministre, et inviter chaque ordre à former sa résolution et à la déclarer publiquement comme un conseil adressé à la couronne.

Le comte d'Artois, puissant seigneur féodal, appartenant à la famille royale, parla aussitôt au nom de la noblesse, dont il fit un pompeux éloge, et invectiva fortement contre le pape.

Le chancelier, s'adressant en particulier au clergé, l'invita à prendre une décision sur le sujet qu'il venait d'exposer. Accoutumé aux discussions par la constitution de l'Eglise, et exercé aux pratiques circonspectes de la défiance et de la temporisation, le clergé demanda un délai pour délibérer plus amplement, en déclarant qu'il avait fort à cœur, et qu'il regardait comme un devoir, d'apaiser le courroux du roi; cependant qu'il désirait toutefois rester, autant que possible, en bonne intelligence avec le saint Siége. Mais l'impatient Philippe n'était pas roi à s'accommoder des lenteurs ni des formalités, surtout lorsqu'elles paraissaient déguiser une résistance. Il se leva aussitôt, et s'adressant lui-même aux prélats : « De qui tenez-vous vos biens temporels? » leur demanda-t-il fièrement. Ils répondirent qu'ils les tenaient de lui et de la couronne, ce qu'ils n'eussent peut-être pas dit si sa présence ne leur eût imposé. « A quoi pensez-vous donc être obligés envers moi pour cela? » reprit-il. « Nous devons défendre votre personne royale, vos enfans et vos proches, ainsi que les libertés du royaume, » répondit-on. Ils ajoutèrent que c'était l'engagement qu'ils avaient pris avec serment, en entrant en possession des fiefs dont la plupart étaient revêtus, et que les autres s'y croyaient obligés par fidélité. Mais ils supplièrent le roi de leur permettre de se rendre auprès du pape, où ils étaient appelés pour un concile nécessaire à l'Eglise. Alors le comte d'Artois reprit la parole au nom de la noblesse, et conclut à rejeter cette demande, puisque la bulle d'indication prouvait assez que ce concile ne devait s'assembler que pour procéder contre le roi.

Enfin vint le tour du peuple ou du tiers-état, comme on l'appela par la suite, croyant lui faire plus d'honneur. Moins accoutumé que les autres aux délibérations, et fort étonné de l'honneur qu'on lui faisait de l'y appeler, cet ordre manifesta humblement ses vœux par une requête qui fut présentée à genoux, et dont le texte est parvenu jusqu'à nous. La voici : « A vous très-noble prince » nostre sire, Philippe, par la grâce de » Dieu, roi de France, supplie et re-» quiert le peuple de votre royaume, pour

» ce qui lui appartient que ce soit fait,
» que vous gardiez la souveraine fran-
» chise de votre royaume, qui est telle
» que vous ne reconnaissiez de votre tem-
» porel souverain en terre fors que Dieu;
» et que vous fassiez déclarer, si que tout
» le monde le sache, que le pape Boni-
» face erra manifestement et fit péché
» mortel, notoirement en vous mandant
» par lettres bullées qu'il était votre sou-
» verain de votre temporel, et que vous
» ne pouviez prébendes donner, ni les
» fruits des églises cathédrales vacantes
» retenir; et que tous ceux qui croient au
» contraire ils tiennent pour hereges (hé-
» rétiques). »

Plusieurs séances suivirent cette mé-
morable séance d'ouverture dans laquelle
on brusqua un peu, comme on le voit,
les formes délibératives. Il est probable
qu'elles ne furent guère plus régulières.
A cette époque on était beaucoup moins

avancé que nous dans la connaissance du régime représentatif, et l'on expédiait le vote des subsides encore plus vite qu'aujourd'hui, qu'il est si merveilleusement préparé, élaboré et augmenté sous la forme de budget. Tout fut accordé, et des lettres approbatives de la conduite du roi furent écrites au pape par le clergé, et aux cardinaux par les barons et le peuple.

Ainsi se termina cette session, la première qui ait reçu le nom d'états-généraux. On n'eut pas le temps de rien discuter, ou de songer aux griefs qu'on avait de part ou d'autre. La noblesse courut aux armes, avec autant d'ardeur que si elle eût oublié tous les torts de Philippe. On sait quelle fut l'issue de la campagne qui s'ouvrit. Le comte d'Artois, qui regardait comme une vile canaille les Flamands affranchis, perdit, le 11 juillet suivant, la fameuse bataille de Courtray, où il périt ainsi que le connétable, les deux maréchaux, le chancelier Pierre Flotte et vingt mille hommes, dont quatre mille chevaliers. Les vainqueurs, qui étaient pauvres, firent un butin immense sur une armée brillante de luxe et de richesse. Ils suspendirent en trophée quatre mille paires d'éperons dorés, dans la cathédrale de Courtray. Le comte d'Artois était pourtant si assuré du succès, qu'il alla jusqu'à appeler traître le connétable de Nesle, qui ne partageait pas sa confiance. « Vous verrez que je ne suis pas un traître, répondit celui ci; je vous mènerai si avant, que vous n'en reviendrez jamais. »

Le roi fut obligé de marcher en personne, après avoir convoqué le ban et l'arrière-ban, et avoir obtenu des nouveaux états un impôt du cinquième du revenu de tous les biens. Après deux victoires contre les Flamands, qui étaient soutenus par les Anglais, il conclut avec eux une trève de dix ans. Quant aux différends avec le pape, ils devinrent plus animés que jamais. Boniface envoya un légat qui, né français, n'eut pas honte de ramener à Rome le confesseur du roi, pour qu'il rendît compte des pensées les plus secrètes de Philippe. Celui-ci fit saisir le temporel de tous les évêques qui avaient cédé au pape. Les états appelèrent à un futur concile et à un futur pape. Boniface abolit les élections ecclésiastiques, enleva le droit d'enseignement aux universités, et, à l'exemple d'Innocent III, qui avait donné l'Angleterre, il fit, par une bulle, cadeau de la France à l'empereur Albert d'Autriche. Philippe ne laissa plus de frein à son ressentiment. Un de ses émissaires enleva le turbulent pontife dans Anagnie, où il lançait de nouvelles foudres : on sait comment il fut délivré, et qu'il mourut peu après d'un accès de fièvre et de rage.

Entre autres états que convoqua encore Philippe le Bel, il faut distinguer aussi ceux de 1313, sur lesquels divers détails nous sont conservés. On voulait continuer l'impôt du cinquième des revenus et du centième des meubles; on voulait même l'étendre sur le clergé et la noblesse. Mais les contribuables refusaient de payer; des émeutes se succédaient à Paris, à Rouen, à Orléans; les collecteurs étaient quelquefois mis à mort par les bourgeois. Il était urgent de convoquer les états. On dressa un vaste échafaud pour la séance, dans la grande salle du palais, selon les uns, dans la cour suivant les autres. Le roi, le clergé et la noblesse y montèrent et s'assirent aux places qui leur étaient assignées. Le peuple resta debout au bas de cette estrade. Enguerrand de Marigny, qui avait été nommé coadjuteur et gouverneur du royaume, exposa et défendit avec beaucoup d'énergie l'arrêt du parlement qui confisquait la Flandre au profit du roi, et montra quelle honte il y aurait à ne pas le soutenir. Mais le roi ne pouvait rien faire sans de nouveaux secours, dont on serait amplement dédommagé après la conquête de la Flandre. Enguerrand appuya sur ce dernier point avec toutes les ressources de son éloquence, et voyant que l'auditoire paraissait favorablement disposé, il engagea le roi à se lever de son trône et à s'approcher du bord de l'échafaud pour voir lui-même ceux qui lui accordaient l'aide dont il avait besoin. Le superbe Philippe ne dédaigna pas de faire cette singulière démarche (1). On ima-

(1) Nous en avons l'analogue dans la précaution d'un ministre qui se tourne du côté de la majorité lorsqu'on va aux voix.

gine bien quel en fut le succès. Aucun des modestes bourgeois n'osa refuser son argent à son monarque en face. Etienne Barbette, prévôt des marchands, s'avança le premier, suivi de plusieurs bourgeois de Paris, qui s'engagèrent tous à fournir une aide suffisante, ou à suivre en personne le roi à la guerre qu'il entreprenait. Cet exemple fut aussitôt imité par les autres syndics ou députés des communes du royaume; et l'assemblée se sépara immédiatement après cette promesse pure et simple. Peu de jours après parut une ordonnance du roi qui arrêtait la levée de six deniers par livre sur toutes les denrées vendues dans le royaume, partagés par moitié entre le vendeur et l'acheteur. Ainsi, cet impôt voté par acclamation influencée, fut levé sans délibération ni décret des états. Enguerrand de Marigny s'était déjà fait avancer de grosses sommes par les traitans qui furent chargés de la perception.

Pour éviter les assemblées générales, qui pouvaient devenir redoutables, Philippe le Bel imagina de tenir à part les états des provinces septentrionales, dites de la Langue-d'Oyl, qui comprenaient la plus grande partie de la France, et ceux des provinces méridionales dites de la Langue-d'Oc, qui comprenaient le pays auquel ce nom est resté et le Quercy, l'Agénois, le Rouergue, etc. D'autres fois il ne convoqua que des assemblées provinciales ou de bailliages, séparément et sans ordre de temps ni de lieu. Ses successeurs imitèrent cette politique; et voici comment les états ne mirent aucun obstacle à l'achèvement de la ruine du gouvernement féodal.

Louis X (le Hutin) fit plus : il convoqua à Pontoise un parlement composé seulement de barons et de prélats, où l'on reçut la soumission du comté de Flandre. Après ce roi, qui vendit le premier la liberté aux serfs de ses domaines, Philippe V (le Long) poursuivit le plan d'agrandissement du pouvoir, altéra les monnaies, trafiqua de la protection et des sauvegardes, et plaça la milice des bailliages et des communes sous la dépendance d'un capitaine royal. Il se crut assez sûr des dispositions favorables des bourgeois de Paris, pour convoquer dans cette ville, après y avoir fait son entrée, une assemblée d'états partiels. Ce fut là qu'il fit confirmer son hérédité au trône. On lui prêta serment sans difficulté; les princes renoncèrent à lui contester un titre auquel il joignait une possession assurée, ce qui est toujours décisif en pareil cas; et c'est depuis lors que l'hérédité des mâles, à l'exclusion des femmes, a été convertie en droit, dont l'exercice n'a éprouvé d'obstacle que de la part d'Edouard III.

Plus tard, Philippe le Long essaya de frapper, par une ordonnance, un impôt du cinquième des revenus et du centième des meubles, partout et sans distinction de personnes. On murmura : on refusa de payer. Dans ce temps, on calmait quelquefois le peuple en faisant pendre les traitans ou les officiers royaux. Mais les contribuables, voyant qu'ils n'y gagnaient rien, invoquèrent les états. Le roi les assembla en 1321, comptant que l'avis des bourgeois de Paris, qui étaient ses partisans, déterminerait les autres; mais il se trompa. Il éprouva de la résistance. Le clergé demanda que la discussion fût renvoyée aux assemblées provinciales, pour qu'il y eût plus d'avis à recueillir; puis il voulut qu'on s'occupât avant tout des décimes qu'il payait au roi, d'après l'autorisation du pape. Cet avis prévalut, et le but du clergé fut atteint; il voulait temporiser. C'est le roi lui-même qui nous fait connaître ces faits par une lettre-patente adressée à l'un de ses conseillers-clercs au parlement.

Charles le Bel entreprit de suivre les projets de son frère, sur la réduction et l'uniformité des monnaies et des poids et mesures. Mais le clergé et la noblesse lui objectèrent qu'il n'avait de juridiction que sur ses propres domaines; c'était le dernier cri de la féodalité expirante. Le roi voulut qu'il en fût référé à des assemblées provinciales, lorsque la mort le surprit. Un roi emporté, brouillon, prodigue et plus despote que lui, Philippe de Valois suivit encore le même plan sur les monnaies; il paraît avoir assemblé les états de bailliages, conformément au projet de Charles IV; mais on ignore ce qui s'y passa.

Ce fut alors que le roi d'Angleterre manifesta ses prétentions. Les Français se levèrent pour le repousser, malgré ses belles promesses. Ils payèrent d'abord avec zèle; mais ils se lassèrent. Aux murmures succédèrent les émeutes. Les Normands s'insurgèrent les derniers; mais ils persévérèrent. Les états provinciaux de Normandie députèrent au roi de puissans personnages qui obtinrent confirmation de la charte que Louis X avait accordée à cette province, comme il l'avait fait à l'égard de plusieurs autres. En même temps, ils déclarèrent expressément qu'il ne serait jamais imposé un denier sur la province, sans le consentement de ses états. Le reste du royaume était dans les mêmes dispositions à la résistance. Si nous en croyons le chroniqueur Nicolle,

Gilles et le *Rozier historial*, des états-généraux furent assemblés en 1339, et là il fut arrêté, en présence du roi, « que l'on ne pourrait imposer ni lever de tailles en France sur le peuple, que de l'octroi des gens des états, si urgente nécessité ou évidente utilité le requérait. » Cette décision n'est pas plus authentique que celle qu'on prétend avoir été prise par les états de 1314, et consignée dans une ordonnance de Louis X, lequel déclare que ni lui ni ses successeurs ne pourront à l'avenir lever aucuns deniers dans le royaume, sans le consentement des trois états, qui en feront eux-mêmes le recouvrement et l'emploi, pour éviter les malversations. Mais si le texte de ces actes ne nous est pas parvenu, ils sont tellement conformes à l'esprit de ceux que nous connaissons et aux idées reçues dans ce temps, il y est fait allusion dans tant de passages , que nous ne pouvons guère les révoquer en doute. Il est évident qu'ils servirent de fondement à l'autorité que les états prirent en matière de finance sous le roi Jean.

L'altération des monnaies, et quelques pillages sur les faibles, ne suffisant pas aux besoins de Philippe de Valois, il assembla encore des états en 1343. Il en obtint un droit sur la vente des boissons et sur la consommation du sel (1), pendant la guerre seulement. Ce sont, d'a-

(1) Telle est l'origine de la gabelle, dont on attribue l'invention à un Juif nommé *Gabelus;* impôt désastreux et injuste, puisqu'il ne pèse que sur la classe pauvre. En effet, le sel est de première nécessité pour tous, et le pauvre en consomme encore plus que le riche. Philippe le Bel avait bien déjà, en 1286, mis une taxe sur le sel; Philippe le Long l'avait augmentée en 1318; mais Philippe de Valois est le premier qui ait forcé le peuple à acheter le sel dans les greniers royaux.

près la remarque de Boulainvilliers, les premiers états qui aient accordé la levée d'un droit fixe, sans motiver son emploi.

Avant de terminer ce résumé historique sur nos premiers états, jusqu'au règne orageux de Jean, je voudrais pouvoir donner quelque idée de leur forme, de leur composition, de leur mode de délibérer. Mais les documens nous manquent tout-à-fait. Dans le principe, il y avait vraisemblablement peu d'élection dans l'ordre de la noblesse. Les princes du sang, les barons, et les officiers de la couronne qu'il est inutile d'énumérer, étaient convoqués personnellement. Nous lisons quelque part qu'en 1357 chaque province n'envoya qu'un député pour la noblesse, un pour le clergé, et trois pour le tiers-état. Les prélats venaient également ment en vertu d'un droit personnel; quant aux chapitres, universités et colléges, ils envoyaient leurs doyens, recteurs ou syndics, qui étaient évidemment des députés, soit qu'ils fussent élus *ad hoc*, ou que leurs fonctions fussent électives. Le tiers-état n'était composé que des députés des villes et gros bourgs; il n'était vraisemblablement guère question des campagnes, qui sortaient à peine de la servitude féodale. Leurs habitans róturiers n'étaient pas assez riches pour avoir de l'influence; elles n'étaient représentées que par la noblesse. Mais quelles villes envoyaient des députés? quel nombre était fixé? Nous ne savons rien de tout cela, ou plutôt nous pouvons présumer qu'il n'y avait rien de réglé là-dessus. La couronne faisait les convocations comme elle l'entendait, et prescrivait le nombre des députés; ou bien on lui envoyait autant de procureurs ou syndics qu'on en voulait entretenir. On sait par des quittances de voituriers et d'hôteliers qui nous sont parvenues, que les villes et *territoires* défrayaient très-honorablement leurs mandataires, du voyage et du séjour au lieu de la réunion des états.

Les commettans donnaient à leurs députés des instructions et des pouvoirs formels, comme nous l'apprennent les lettres de convocation de Philippe le Long. Il mandait aux habitans de la ville de Narbonne : « Que vous eslisiez quatre » personnes des plus sages et plus nota- » bles, qui audict jour soient à Poitiers, » instruits et fondés suffisamment de faire » aviser et accorder avecques nous tout » ce que vous pourriés faire si tous y es- » tiez présens. » C'est bien le mandat électoral aussi formellement exprimé que possible. Mais quelquefois les pouvoirs étaient limités. Comment se faisaient les élections ? Ce point est très-obscur. Tous les intéressés avaient-ils voix électorale? Cela n'est guère croyable. Nous savons que dans les derniers temps chaque commune élisait un représentant, et que ces représentans se réunissaient au chef-lieu du bailliage, pour élire les députés. Mais nous aurions besoin de renseignemens plus circonstanciés et remontant à une époque plus reculée. Assistait-il aux états beaucoup de personnes n'ayant ni droit personnel, ni mandat légitime? Nous pouvons le croire, puisque nous y voyons figurer des députations des maîtres des requêtes, des secrétaires du roi, etc., et qu'aux états de 1588 on vit siéger jusqu'au médecin du roi. Avec quel *ordre* étaient placés ces intrus? Nous n'en savons rien.

J'ai parlé des états provinciaux et de la séparation qu'on fit quelquefois des états des deux *Langues*. Mais il importe de remarquer que la Bourgogne, l'Aquitaine, la Bretagne et la Flandre ne prenaient aucune part à ces assemblées. Ces provinces, qu'on appelait alors les quatre grands fiefs, appartenaient alors à quatre seigneurs, qui reconnaissaient bien le roi de France pour leur suzerain, mais qui dedaignaient de siéger à côté de ses sujets, et qui n'étaient pas très-jaloux d'entretenir ses finances. Leur absence des états eut deux conséquences décisives. Les rois détruisirent plus facilement le gouvernement féodal, que l'opposition de ces grands vassaux aurait pu soutenir encore. La France royale regarda ces princes comme des étrangers, et leurs domaines comme des États à part.

Il me reste une dernière observation à faire sur nos premiers états-généraux; c'est qu'il est vraisemblable que c'est à eux que les rois doivent l'attribution qu'ils se sont faite de la puissance législative. Voici comment le judicieux Mably

explique cela : « Il est vraisemblable que
» toutes les fois que Philippe de Valois et
» ses prédécesseurs assemblèrent la na-
» tion, en suivant l'exemple que leur avait
» donné Philippe le Bel, le prince et la
» nation s'exposèrent mutuellement leurs
» besoins. Les états demandaient des ré-
» glemens pour corriger quelques abus ou
» pour établir une nouvelle police; et le
» roi les publiait en son nom. La loi était
» faite de concert, et la puissance législa-
» tive était en quelque sorte partagée.
» Mais comme les ordonnances parais-
» saient l'ouvrage seul du prince, et qu'on
» n'y voyait que son nom, on s'accou-
» tuma à le regarder comme le seul légis-
» lateur, et les états, entraînés par l'opi-
» nion publique, crurent n'avoir que le
» droit ridicule de faire des doléances et
» des remontrances (1). »

(1) Mably, remarques et preuves.

C'est ainsi que commencent toutes les usurpations du pouvoir. Il n'en est pas une seule qui n'ait d'abord été associée à l'exercice d'une liberté.

NOTES ET PIÈCES.

NOTES ET PIÈCES.

NOTE A LA PAGE 53.

Cet écrit d'Hincmar, archevêque de Reims, est le monument qui nous donne le plus de lumières sur le gouvernement de Charlemagne. Hincmar était contemporain de Louis le Débonnaire, et racontait ce qu'il avait souvent entendu dire à Adelard, abbé de Corbie, cousin de Charlemagne, et l'un des premiers ministres de son fils. Cependant il faut remarquer que ce traité ne nous dit nulle part que le peuple, ou du moins ses magistrats, eussent entrée dans les assemblées générales ou champs de mai. Nous n'apprenons ce fait que par les capitulaires. Voilà sans doute pourquoi le comte de Boulainvilliers cite Hincmar avec tant de complaisance. Suivant lui, la multitude, n'ayant aucune part aux délibérations, n'assistait aux parlemens que pour les autoriser par la promesse de son obéissance, qu'elle manifestait par ses acclamations; c'était ainsi qu'elle recevait ce qu'on appelait alors *l'annonciation*, c'est-à-dire la décision de l'assemblée au nom de l'empereur. Nous aimerions mieux en croire le texte même des capitulaires; cependant les détails d'Hincmar sont tellement circonstanciés, qu'ils méritent une grande confiance. Ces formules, *le consentement, la volonté* du peuple, sont souvent bien trompeuses. L'important est de savoir comment on obtient ce consentement, comment se manifeste cette volonté du peuple. Dans les pays où le gouvernement fait lui-même les élections, ne dit-il pas toujours que ses actes sont approuvés par l'opinion générale, et que ses lois sont l'expression des vœux de la majorité de la nation?

Suivant Hincmar, pendant que les deux ordres délibéraient séparément ou ensemble (c'était à leur volonté), Charlemagne était occupé lui-même à répondre au peuple, qui venait dans ce moment s'approcher du trône, soit pour lui offrir le tribut des provinces, soit pour le saluer; et c'était alors qu'il montrait son affabilité et sa douceur en adressant la parole à ceux qu'il voyait le plus rarement, compatissant à la vieillesse des uns, se réjouissant de la santé et de la jeunesse des autres; de sorte qu'aucun ne sortait mécontent de sa présence. Il est évident qu'il s'agit là des scabins et des bons hommes; si c'était là le seul rôle

qu'ils jouassent aux assemblées nationales, il n'en faut pas davantage pour
désenchanter un peu le tableau qu'en a
fait Mably.

On trouve la preuve qu'il est en effet
question dans cet endroit, des hommes
libres convoqués à l'assemblée, dans le
passage suivant, où Hincmar décrit la
forme et le cérémonial de ces grands
conseils. L'assemblée se tenait en plein
air quand le temps le permettait; mais
quand la saison n'était pas favorable, il
y avait des lieux pour recevoir les membres à l'abri, et d'autres pour la multitude, de laquelle néanmoins, observe-t-il,
toutes les personnes inférieures étaient
exclues.

Il y a encore dans ce traité d'Hincmar
d'autres documens curieux que je ne
peux m'empêcher d'en extraire. Les ap-
partemens des membres délibérans, or-

nés de siéges et de tapis, étaient séparés, l'un pour le clergé, où les évêques, les abbés et les vénérables clercs étaient reçus, sans que les séculiers y eussent entrée; l'autre pour les comtes et les seigneurs, où le reste de la multitude n'était point admis. Chacun se rendait de grand matin dans la chambre où il devait avoir place, jusqu'à l'heure où, le roi présent ou absent, les chambres devaient se réunir pour se communiquer leurs délibérations, se séparer ensuite et retourner chacune chez elle, pour les continuer. Ainsi il était en leur pouvoir de se réunir ou de se séparer, suivant l'exigence des matières qui les occupaient, religieuses, séculières ou mixtes. De même il était permis aux membres d'appeler dans leurs différentes chambres ceux dont ils avaient besoin pour prendre information de quelques faits, ou ceux qui leur apportaient leur nourriture.

Si les seigneurs ou les prélats croyaient la présence de l'empereur nécessaire à leurs résolutions, il ne se refusait jamais à leur demande, et restait avec eux aussi long-temps qu'ils le jugeaient nécessaire pour le plus grand bien; c'était là qu'ils lui rendaient compte familièrement des motifs de leurs opinions, jusqu'à ce que l'unanimité fût entière, dit Hincmar. L'unanimité est une chose rare dans nos assemblées actuelles; mais dans celles-là, elle peut se concevoir. Un roi comme Charlemagne pouvait opérer un tel prodige; un roi ordinaire le pourrait bien. On n'ose guère être d'un avis contraire à celui d'un opinant couronné. Cela nous explique l'unanimité de consentement dont parlent les capitulaires.

Au lieu de dire, ainsi que je l'ai fait, que les *trois* corps délibérans se réunissaient quelquefois pour se communiquer leurs décisions, il est plus conforme au sens littéral d'Hincmar, de dire les *deux* corps délibérans.

Quoi qu'il en soit, en considérant ces imposantes formes délibératives qu'avait organisées Charlemagne, nous ne sommes point étonnés que les envoyés du calife Haroun aient prononcé ces paroles qui nous ont été conservées : « En Asie, nous
» voyons des maîtres souvent braves,
» souvent éclairés, mais quelquefois ca-
» pricieux et cruels : en Occident nous
» avons vu un peuple de rois, auquel
» obéissent un nombre infini de soldats
» couverts d'or et de fer ; et ces rois ont
» encore un chef qui est leur roi : mais
» eux et lui ne veulent jamais que la même
» chose. Tous obéissent en sa présence,
» quoique tous soient également libres. »

NOTE A LA PAGE 179.

Comment un esprit aussi judicieux que Mably a-t-il pu s'égarer au point de raisonner ainsi sur l'esclavage :

« La plupart des philosophes et des
» politiques, dit-il, ont fait d'assez mau-
» vais raisonnemens sur la question de
» l'esclavage ou de la servitude. Ils ont
» considéré la condition des esclaves,
» telle qu'elle était chez les anciens, et
» autrefois chez les seigneurs de fiefs, et
» ils ont condamné l'esclavage; certaine-
» ment ils ont eu raison. Mais est-il de
» l'essence de l'esclave d'avoir pour maî-
» tre un tyran ? Pourquoi ne pourrait-il
» pas y avoir, entre le maître et l'esclave,
» des lois humaines qui leur assignassent
» des devoirs respectifs ? etc. , etc. , etc.
» Dans un gouvernement très-sage l'escla-

» vage est un mal, parce qu'on doit s'en
» passer. Mais dans un gouvernement où
» l'on ne connaît aucune égalité, non-seu-
» lement entre les citoyens, mais même
» entre les différens ordres de l'État, la
» servitude pourrait peut-être produire
» un bien, et corriger quelques inconvé-
» niens des lois. Je demande quel grand
» présent c'est pour les hommes que la
» liberté dans un pays où le gouverne-
» ment n'a pas pourvu à la subsistance
» de chaque citoyen, etc. , etc. , etc. »
(Remarques et preuves des observations
sur l'histoire de France, liv. IV, chap. 4.)

Cette opinion s'accrédita chez quelques prétendus économistes du dix-huitième siècle. On l'a développée dans des
brochures. Quelle aberration ! Comment
a-t-on pu méconnaître les bienfaits de la
liberté civile, en ayant sous les yeux les
merveilles de la civilisation moderne ?
Cependant excusons nos pères, car ils

avaient aussi le spectacle d'un état politique bien mauvais ; mais c'était à cet
état politique qu'il fallait s'en prendre ,
et c'est heureusement ce qu'on a fait.

———

NOTE A LA PAGE 180.

Un fait curieux , et qui n'a pas été assez
remarqué, c'est que Hugues Capet fit
aussi son dix-huit brumaire. C'est ce que
nous apprend le fameux Gerbert, alors
scolastique de l'église de Reims, dans
une lettre à l'évêque de Metz : « Le duc
» Hugues, dit-il, a rassemblé six cents
» hommes d'armes, et sur ce bruit seul
» il a dissipé l'assemblée des Français
» qui se tenait à Compiègne le cinq des
» ides de mai. Il s'y est trouvé des vôtres
» (des Lorrains), le duc Charles , le
» comte Reinhard ; des nôtres (des Neus-

» triens), Herbert de Troyes, avec son
» frère Othon, qui a été chassé plus vite
» qu'un autre ; l'évêque de Laon, etc.
» Qu'en adviendra-t-il ? »

Il s'agit là évidemment d'une assemblée de grands ou parlement féodal, qui s'était réunie pour disposer de la couronne ou pour adopter toute autre mesure, dans le péril où elle était. Hugues Capet aima mieux soumettre la question à ses amis et à ses vassaux, et se concilier les bonnes grâces de l'archevêque de Reims, comme c'était alors l'usage. Cependant lorsqu'il se crut assez assuré de sa possession, il convoqua à Orléans une sorte d'assemblée générale des grands et des prélats, par laquelle il fit reconnaître son fils par anticipation. Mais les assemblées de ce genre tombèrent de plus en plus en désuétude, ou furent restreintes à quelques seigneurs de l'Ile-de-France, de l'Orléanais et autres provinces voisines de Paris. Qu'importait à un duc de Bretagne, d'Aquitaine ou de Normandie, à un comte de Toulouse, d'Anjou ou de Flandres, ce qui intéressait le roi de France leur égal? Ils avaient leur propre cour qui les occupait assez pour qu'ils n'eussent pas le temps d'aller tenir ailleurs un rang inférieur à leur puissance.

———

NOTE A LA PAGE 188.

C'est la précaution ordinaire de toutes les dynasties nouvelles, d'assurer la succession au trône par quelques formes d'élection, et par la désignation ou l'association de l'héritier présomptif faite par le roi, de son vivant. Les premiers Carlovingiens se firent décerner la couronne par l'assemblée des grands. Eudes, le premier roi capétien, se fit élire par les barons, dans l'absence du fils de Louis le Bègue. Raoul de Bourgogne eut recours à la même formalité. Hugues Capet, qui s'était fait proclamer par les siens, fit couronner aussi son fils Robert. Celui-ci en fit autant pour son fils Henri Ier, qui n'était pas l'aîné, pour le dire en passant, ce qui prouve que le droit de primogéniture n'était pas encore consacré.

Un monument curieux, mais que je crois peu authentique, est la formule du serment et le récit du sacre de Philippe Ier conservés dans les anciens cartulaires de Beauvais et de Reims. Voici le serment : *Ego Philippus, Deo propitiante, mox futurus rex Francorum in die ordinationis meæ, promitto coram Deo et sanctis ejus, quòd unicuique de vobis commissis canonicum privilegium, et de-*

bitam legem, atque justitiàm conserva-bo, et defensionem, adjuvante Domino, quantùm potero, exhibebo sicut rex in suo regno unicuique episcopo et ecclesiæ sibi commissæ per rectum exhibere de-bet; populo quoque nobis credito, me dispensationem legum, in suo jure con-sistentem, nòstrâ auctoritate concessu-rum. Après avoir lu cette formule, quoiqu'il n'eût encore que sept ans, dit l'écrit, Philippe la remit entre les mains de l'archevêque, en présence de tous les évêques et abbés qui sont nommés ensuite. Puis le primat *accipiens baculum sancti Remigii, disseruit quietè et pacificè, quomodò ad eum maximè pertineret electio regis et consecratio, etc.* Puis tous les assistans, prélats, ducs et comtes, hommes d'armes et gens du peuple, poussèrent trois fois ces acclamations : *Laudamus, volumus, fiat.* Les premiers Capétiens laissaient les archevêques de

Reims se complaire tranquillement dans leurs prétentions d'avoir le droit de les élire et de les sacrer, en vertu du cadeau fabuleux que le pape Ormisdas avait fait au fabuleux saint Rémi, de toute la Gaule. En effet, ils n'y perdaient rien, puisqu'ils trouvaient ces saints prélats si disposés à leur donner de la légitimité.

Louis le Gros fut couronné du vivant de son père; puis, à son tour, il fit sacrer successivement ses deux fils, dont l'un mourut avant lui, et l'autre (Louis VII) reçut l'onction du pape en personne. Enfin, Louis le Jeune fit sacrer en grande pompe son fils Philippe. Le jeune roi d'Angleterre soutenait la couronne comme duc de Normandie; le comte de Flandre portait l'épée royale, et une foule d'autres grands seigneurs féodaux rendaient un service quelconque, suivant leur rang et leur fief. Enfin le jeune Philippe (depuis Philippe-Auguste), ayant épousé Isabelle, fille de Baudouin IV, comte de Hainaut, descendante de la fille aînée de Charles, duc de Lorraine, dépossédé par Hugues Capet, cette alliance parut confirmer puissamment la dynastie capétienne. La mémoire des rois carlovingiens, qu'on appelait alors *les grands rois*, était encore très-vénérée. Rigord nous apprend que ce mariage fut accueilli avec les plus grands transports de joie. Philippe Auguste se crut assez assuré sur le trône pour négliger de faire sacrer son fils Louis VIII.

Néanmoins l'usage perpétua dans le sacre des rois de France quelque chose de la forme élective. En effet, on sait que jusqu'aux derniers temps de l'ancienne monarchie cette cérémonie s'est passée ainsi. Les évêques de Laon et de Beauvais soulevaient le roi de son trône, et le montrant au peuple, demandaient à celui-ci s'ils l'acceptaient pour roi : alors, sur la réponse affirmative qui ne manquait pas d'être faite, comme on l'imagine bien, l'archevêque de Reims recevait le serment du nouveau monarque.

———

NOTE A LA PAGE 193.

Anno domini millesimo centesimo octogentesimo nono, mense martio, mediâ quadragesimâ, Parisiis celebratum est generale concilium a Philippo rege, convocatis omnibus archiepiscopis, episcopis, abbatibus, et totius regni baronibus, in quo innumerabilis militum multitudo, seu peditum, sacratissimâ cruce insigniti sunt. Et propter hanc instantem necessitatem (oppido enim iter hierosolymitanum rex affectabat), cum assensu cleri et populi, quasdam decimas

*ab omnibus accipiendas esse eo tantùm
anno, decrevit, quæ dictæ sunt decimæ
Saladini.* (Rigord. De gest. Phil. Aug.
ad an. 1188.)

NOTE A LA PAGE 205.

« CELUY a bien faute d'yeux, ajoute
» Pasquier, qui ne voit que le roturier
» fut exprès adjouté contre l'ancien ordre
» de France, à cette assemblée, non pour
» autre raison, sinon d'autant que c'es-
» toit celuy sur lequel devoit principale-
» ment tomber tout le faix et charge,
» afin qu'estant en ce lieu engagé de pro-
» messe, il n'eust puis après occasion
» de rectifier ou murmurer. Invention
» grandement saige et politique ; car,
» comme ainsy soit que le commun peu-
» ple trouve toujours à redire sur ceux

» qui sont appelés aux plus grandes char-
» ges, et qu'il pense qu'en découvrant
» ses doléances on rétablira toutes cho-
» ses de mal en bien, il ne désire rien
» tant que l'ouverture de telles assem-
» blées. D'ailleurs se voyant honoré pour
» y avoir lieu, et chatouillé du vent de
» ce vain honneur, il se rend plus hardy
» prometteur de ce qu'on luy demande.
» Mais ayant une fois promis, il ne luy
» est pas puis loisible de résilier de sa
» parole, pour l'honneste obligation qu'il
» a contractée avec son prince en une
» occasion si solennelle. D'avantage, qui
» est celuy qui ne trouve un roy plein
» de débonnaireté, lequel par honnestes
» remonstrances veut tirer de ses sub-
» jects ce que quelques esprits hagards
» penseroient pouvoir estre exigé par
» une puissance absolue ? Tellement que
» soubs ses beaux et doulx appats l'on

» n'ouvre jamais telles assemblées, que le
» peuple n'y accourre, ne les embrasse,
» ne s'en esjouysse infiniment, ne consi-
» dérant pas qu'il n'y a rien qu'il dust
» tant craindre, comme estant le général
» refrain d'iceulx de tirer argent de luy.
» En ce lieu, dit encore le même auteur,
» quelque bonnes ordonnances que l'on
» fasse pour la réformation générale,
» ce sont belles tapisseries qui servent
» seulement de parade à une postérité.
» Cependant l'impôt que l'on accorde au
» roy est fort bien mis à effect. » (Es-
tienne Pasquier, *Recherches de la France,*
liv. II, chap. VII, *de l'assemblée des trois
estats de France.*)

On sent bien qu'il ne faut pas prendre
tout ceci à la lettre, ou du moins qu'il ne
faut pas en tirer la conséquence qui paraît
se présenter d'abord. C'est toujours une
mauvaise manière de raisonner que de

s'autoriser de l'abus pour proscrire l'usage. Telle n'est point assurément ici l'intention de Pasquier, quoiqu'il fût un homme de robe ; mais on sait qu'il n'était point, comme beaucoup de ses pareils, l'avocat du pouvoir absolu. Voici comme il s'exprime dans le même chapitre :

« Tous ceux qui ont voulu fonder la
» liberté d'une république bien ordonnée,
» ont estimé que c'estoit lorsque l'opi-
» nion du souverain magistrat estoit at-
» trempée par les remonstrances de plu-
» sieurs personnes d'honneur, estant
» constituées en estat pour cet effect,
» et quand, en contr'échange, ces plu-
» sieurs estoient controllés par la pré-
» sence, commandement et majesté de
» leur prince. » Il n'appelle point *états*
les assemblées « où vous ne verrez point
» que le menu peuple fust appelé ; duquel
» on ne faisoit plus d'estat que d'un zéro

ci. Mably expose et déduit très-bien tout cela dans une de ses notes.

Si nous résumons ce qui est dit dans cette note-ci et dans celle où est traitée la question de l'élection, nous rangerons les résultats dans l'ordre suivant. Sous Hugues Capet, il n'y avait guère que la possession et l'assentiment de quelques seigneurs, puisqu'il subsistait un prince du sang de Charlemagne. Sous Robert, le droit de primogéniture n'était pas établi, puisqu'il fit sacrer son fils cadet Henri, de préférence à l'aîné. Jusqu'à Philippe-Auguste, le droit de la dynastie n'était pas assuré, puisque l'héritier présomptif était élu, et sacré sous l'influence du roi régnant. Avant Philippe le Long, on n'avait point eu occasion, et l'on n'eût peut-être pas songé à exclure les filles du trône. Avant Philippe de Valois, on n'avait point décidé que les femmes ne pouvaient pas même transmettre à un mâle le droit à la couronne.

Voici comment s'est composé avec le temps, et à l'aide des circonstances, le système de succession au trône, que nous nommons aujourd'hui la légitimité.

NOTE A LA PAGE 227.

« Cette doctrine (de la limitation des
» pouvoirs des députés) était si con-
» stante et si certaine, que dans les états
» de 1382 les députés des villes répon-
» dirent aux demandes du roi, qu'ils
» avaient ordre d'entendre simplement
» les propositions qu'on leur ferait, et
» qu'il leur était défendu de rien con-
» clure. Ils ajoutèrent qu'ils feraient leur
» rapport, et qu'ils ne négligeraient rien

23.

» côte, pour adresser à notre pouvoir par
» toutes les voies et manières qu'il pourra
» être fait, selon raison et équité, et vou-
» lons être fait par si grande délibéra-
» tion, par le conseil des prélats, barons,
» et bonnes villes de notre royaume, et
» mêmement de vous, que ce soit au plai-
» sir de Dieu, et au profit de notre peu-
» ple : nous vous mandons et requérons
» sur la féalité en quoi vous êtes tenus et
» astreints à nous, que vous élisiez qua-
» tre personnes de la ville de Narbonne,
» dessus dite, des plus sages et des plus
» notables, qui audit jour soient à Poi-
» tiers, instruits et aidés suffisamment de
» aviser et accorder avec nous tout ce
» que vous pourriez faire si vous y étiez
» présens. »

NOTE A LA PAGE 218.

Les instructions que donna Louis X aux commissaires qui furent envoyés dans les bailliages ont été conservées dans le Trésor des Chartes. Elles nous apprennent comment se faisait alors la levée des impôts votés par les états.

Les commissaires devaient surtout presser la convocation du ban et les montres en chevaux et en armes, et obliger chaque centaine de feux à fournir six bons soldats ou sergens. Ils devaient aussi faire entendre aux assemblées des villes que le roi était touché de la peine et du péril où le peuple allait être engagé; qu'il aimerait mieux, pour l'amour d'eux, recevoir quelque finance pour payer d'autres gens; et par ce moyen on devait les

amener à traiter. « Vous devez être dili-
» gens, disent les instructions, de quérir
» emprunts des grands-gens, soit pré-
» lats ou bourgeois, selon que sçaurez
» qu'ils le pourront faire, et leur faites
» bonnes promesses d'être payés sans dé-
» faut... Et ces instructions ne montre-
» rez à nulluy, ains les tiendrez secrètes;
» et sous toutes les besognes que vous
» avez à faire, soyez si avisés, si arrés, si
» attrempés, que les fassiez sans esclan-
» dre du peuple; car c'est l'intention du
» roy et de son conseil. »

NOTE A LA PAGE 222.

Les prétentions d'Édouard III prouvent qu'en effet l'ordre de successibilité

à la couronne n'était pas encore bien établi. Ce fut peut-être dans l'assemblée d'états convoquée par Philippe le Long, qu'on songea pour la première fois à faire intervenir en pareille matière la loi salique qui régissait les terres saliques, et qui n'a rien de commun avec l'hérédité des rois de France. On connaît le jeu de mots d'Édouard III, qui appelait Philippe de Valois l'inventeur de la *loi salique ;* il faisait allusion en même temps à l'impôt de la gabelle, dont nos ancêtres sont redevables à ce roi. Ce calembourg vaut bien ceux dont on rit aujourd'hui.

Voici le passage de la loi salique dont on s'autorisait : *De terrâ verò salicâ nulla portio hœreditatis mulieri veniat, sed ad virilem sexum totœ terrœ hœreditas perveniat.* Les terres dont il s'agit étaient ce qu'on appelle des *propres ;* mais les Francs regardaient comme barbare la loi qui défendait aux filles d'y prendre leur part, et ils ne l'observaient pas. Outre cela, la royauté peut-elle être considérée comme un *propre*, comme un domaine privé? Si les filles des rois francs ne furent point appelées à succéder à la couronne, ce n'était point parce que la royauté (considérée comme domaine) et les domaines qui appartenaient aux rois étaient astreints rigoureusement au partage salique, comme biens saliques : c'était tout simplement parce qu'elles étaient des filles, et que les nations germaines, qui étaient toutes guerrières, voulaient un chef militaire à leur tête.

Cependant l'usage s'établit et se perpétua sous les deux premières races. Le régime féodal survint. Il n'excluait point les femmes de l'hérédité des fiefs; on les vit rendre foi et hommage, tenir des cours de vassaux, prêter le service. Puisque la couronne de France n'était considérée que comme un grand fief, pourquoi n'aurait-elle pu passer en succession à une femme ? Le cas ne se présenta pas depuis Hugues Capet jusqu'à Louis le Hutin ; et les difficultés qu'essuya Philippe le Long, ainsi que la protestation de la duchesse de Bourgogne, prouvent que la succession exclusivement masculine n'était pas du tout regardée comme un principe. Ce Philippe le Long eut quatre filles qui furent exclues par son frère, Charles IV, d'après l'exemple qu'il avait lui-même donné.

Restait à savoir si un mâle avait droit à la couronne du chef d'une femme. C'était le cas où se trouvait Édouard III, qui était plus près de la branche éteinte que les Valois. Les pairs et les armes décidèrent la question en faveur de ceux-ci. Mably expose et déduit très-bien tout cela dans une de ses notes.

Si nous résumons ce qui est dit dans cette note-ci et dans celle où est traitée la question de l'élection, nous rangerons les résultats dans l'ordre suivant. Sous Hugues Capet, il n'y avait guère que la possession et l'assentiment de quelques seigneurs, puisqu'il subsistait un prince du sang de Charlemagne. Sous Robert, le droit de primogéniture n'était pas établi, puisqu'il fit sacrer son fils cadet Henri, de préférence à l'aîné. Jusqu'à Philippe-Auguste, le droit de la dynastie n'était pas assuré, puisque l'héritier présomptif était élu, et sacré sous l'influence du roi régnant. Avant Philippe le Long, on n'avait point eu occasion, et l'on n'eût peut-être pas songé à exclure les filles du trône. Avant Philippe de Valois, on n'avait point décidé que les femmes ne pouvaient pas même transmettre à un mâle le droit à la couronne.

Voici comment s'est composé avec le temps, et à l'aide des circonstances, le système de succession au trône, que nous nommons aujourd'hui la légitimité.

———

NOTE A LA PAGE 227.

« CETTE doctrine (de la limitation des
» pouvoirs des députés) était si con-
» stante et si certaine, que dans les états
» de 1382 les députés des villes répon-
» dirent aux demandes du roi, qu'ils
» avaient ordre d'entendre simplement
» les propositions qu'on leur ferait, et
» qu'il leur était défendu de rien con-
» clure. Ils ajoutèrent qu'ils feraient leur
» rapport, et qu'ils ne négligeraient rien

23.

» pour déterminer leurs commettans à se
» conformer aux volontés du roi. S'étant
» rassemblés, ils déclarèrent qu'on ne
» pouvait vaincre l'opposition générale
» des peuples au rétablissement des im-
» pôts, et qu'ils étaient résolus de se por-
» ter aux dernières extrémités pour l'em-
» pêcher. Les députés de la province de
» Sens outre-passèrent leurs pouvoirs et
» furent désavoués par leurs commettans,
» qui ne payèrent point le subside ac-
» cordé. Des bailliages ont même refusé
» de contribuer aux charges de l'État,
» sous prétexte qu'aucun représentant
» n'avait consenti en leur nom. Ils avaient
» raison, puisque toute aide était regar-
» dée comme un don libre, volontaire et
» gratuit. » (Mably, *Observ. remarques
et preuves.*) Ces faits sont très-remar-
quables, et la réflexion de Mably est
fort juste.

———

NOTE A LA PAGE 229.

Cette séparation des provinces royales ou bailliages et des provinces de grand fief, fut encore entretenue par la faute de Jean, qui, après avoir réuni la Bourgogne à la couronne, l'en détacha aussitôt pour la donner en apanage à l'un de ses fils. Inconcevable abus, né de ce préjugé féodal, qu'un peuple est un héritage, et, comme tel, peut se partager, se donner. Ainsi les rois, qui avaient pris tant de peine pour recomposer le royaume, le démembrèrent de nouveau, parce que leurs enfans ou leurs frères l'exigeaient, et qu'il n'y avait point d'opinion nationale pour s'y opposer. Les états de 1356 donnèrent cependant une preuve manifeste que cette opinion commençait à se former, et que l'on s'apercevait que les

nations ne sont pas faites pour les rois.
Ils forcèrent le dauphin, dans l'absence
de son père captif, à déclarer ce qui suit
dans une ordonnance : « Avons promis
» et promettons en bonne foy aux gens
» des dits trois estats, que nous tenerons,
» garderons et deffendrons de tout nostre
» pooir, les hautesses, noblesses, di-
» gnités, franchises de ladite couronne,
» et tous les domaines qui y appartien-
» nent et peuvent appartenir, et que iceux
» nous ne alienerons, ne ne soufrerons
» estre alienez ne estrangiez. »

On ne tint nul compte de cette décla-
ration d'inaliénabilité des domaines de la
couronne, qui était si utile en tant
qu'elle s'appliquait aux apanages. Lorsque les gens du roi adoptèrent ce principe pour l'appliquer aux forêts royales,
ils firent une sottise. Ici l'intérêt public
n'oppose plus les mêmes obstacles.

Les états de Tours de 1467, ou plutôt Louis XI, qui les influençait, manifestèrent encore plus explicitement les principes de l'unité nationale, dans la question de l'apanage de Normandie que ce roi reprenait à son frère; ce tyran agissait assurément moins dans l'intérêt public que dans le sien; mais qu'importe l'intention, si le résultat était bon?

Les rois avaient cependant gagné déjà un point assez important, en faisant passer en usage la reversibilité des apanages à la couronne, dans le cas où manquerait un héritier mâle. C'est à Philippe le Bel qu'on doit le premier *antecédent*; il s'accrédita et devint un droit, ainsi que s'établissent presque tous les droits. Et, pour le dire en passant, cet antécédent dut contribuer beaucoup à faire prévaloir le système d'hérédité masculine de la couronne. La Bourgogne fut réunie à la

France sous Louis XI, en vertu du droit d'exclusion des filles. Ce malheureux système des apanages s'est perpétué jusqu'au règne de Louis XV, dont le frère exerça la souveraineté apanagiste. Mais déjà, depuis Louis XIV, les apanages n'étaient qu'un titre honorifique avec des appointemens. Ce fut le dernier coup porté au gouvernement féodal. Ce fut la famille royale elle-même qui le reçut.

FIN.

www.ingramcontent.com/pod-product-compliance
Ingram Content Group UK Ltd.
Pitfield, Milton Keynes, MK11 3LW, UK
UKHW022203120726
13694UKWH00002B/380